Manual de História dos Sistemas Jurídicos

Cristiano Carrilho S. de Medeiros

Manual de História dos Sistemas Jurídicos

Fechamento desta edição: 15 de outubro de 2008

ELSEVIER

CAMPUS JURÍDICO

Editoração Eletrônica
Tony Rodrigues

Copidesque
Marcelo Dias Almada

Revisão Gráfica
Emidia Maria de Brito

Projeto Gráfico
Elsevier Editora Ltda.
A Qualidade da Informação
Rua Sete de Setembro, 111 — 16º andar
20050-006 — Rio de Janeiro — RJ — Brasil
Telefone: (21) 3970-9300 Fax: (21) 2507-1991
E-mail: info@elsevier.com.br
Escritório São Paulo
Rua Quintana, 753 – 8º andar
04569-011 – Brooklin – São Paulo – SP
Telefone: (11) 5105-8555

ISBN: 978-85-352-2582-2

Muito zelo e técnica foram empregados na edição desta obra. No entanto, podem ocorrer erros de digitação, impressão ou dúvida conceitual. Em qualquer das hipóteses, solicitamos a comunicação à nossa Central de Atendimento, para que possamos esclarecer ou encaminhar a questão.
Nem a editora nem o autor assumem qualquer responsabilidade por eventuais danos ou perdas a pessoas ou bens, originados do uso desta publicação.

Central de Atendimento
Tel.: 0800-265340
Rua Sete de Setembro, 111, 16º andar – Centro – Rio de Janeiro
E-mail: info@elsevier.com.br
Site: www.campus.com.br

Cip-Brasil. Catalogação-na-fonte
Sindicato Nacional dos Editores de Livros, RJ

M438m

Medeiros, Cristiano Carrilho Silveira de
Manual de história dos sistemas jurídicos / Cristiano Carrilho Silveira de Medeiros. – Rio de Janeiro : Elsevier, 2009.

Inclui bibliografia
ISBN 978-85-352-2582-2

1. Direito - História. 2. Direito comparado. I. Título.

08-4540 CDU: 340.15

"Se queremos progredir, não devemos repetir a história, mas fazer uma história nova."

MAHATMA GANDHI

Dedico esta obra a Deus,
por todas as vitórias conseguidas
na minha existência.

O Autor

Cristiano Carrilho Silveira de Medeiros é natural de Recife-PE, advogado e professor titular nas cadeiras de História das Instituições Jurídicas (Faculdade Boa Viagem – FBV), Direito Civil (Faculdade Pernambucana – FAPE e Faculdade Metropolitana de Grande Recife – FMGR), Metodologia da Pesquisa (FBV; FAPE), Direito Empresarial (FAPE; FBV), Prática Jurídica (FAPE; Faculdade do Recife – FAREC), Direito do Turismo (FMGR), entre outras. É mestre em Direito pela Universidade Federal de Pernambuco/UFPE, pós-graduado em Direito do Trabalho pela mesma instituição e graduado em Direito pela Universidade Católica de Pernambuco/UNICAP (1998). Atuou como Secretário Parlamentar da Assembléia Legislativa do Estado de Pernambuco (2000); Assessor Jurídico da Secretaria Municipal de Educação/Jaboatão dos Guararapes-PE (2001 a 2002). Coordenador do Curso de Direito do Instituto Pernambucano de Ensino e Cultura/FAREC, desde 2004. Organizador e co-autor do livro Saúde mental e o direito, co-autor de O prazer de ser professor e autor de diversos trabalhos publicados em periódicos, revistas digitais e CD-ROM.

Apresentação

Nossa pretensão modestamente confessada foi proporcionar aos alunos do curso de Direito um livro didático para se introduzir o estudo dos principais sistemas jurídicos, religiosos e filosóficos.

Na França, após a reforma dos estudos de Direito (ocorrida depois de 27 de março de 1954), os professores foram obrigados a introduzir uma noção de conjunto sobre os direitos "não-romanos" da Antigüidade mediterrânea, sob a denominação pouco clara de "História das instituições e dos fenômenos sociais".

No início do século XX, a tentativa de adaptar o horizonte jurídico à perspectiva histórica não encontrou um grande eco e, no Brasil, o estudo dos sistemas jurídicos continua limitado a poucos pesquisadores.

Observa-se que grandes escritórios, na atualidade, estão inserindo cada vez mais seus profissionais em mercados e realidades jurídicas de diferentes povos, deixando transparecer a importância da capacitação técnica e cultural dos operadores do Direito inseridos no espírito da globalização.

O presente estudo se revela útil para um melhor entendimento das diversas realidades jurídicas atuais e suas transformações, fornecendo uma visão histórica dos diversos sistemas do mundo.

Para facilitar o entendimento, optamos por um texto sem o penetrante rigorismo técnico da linguagem das obras doutrinárias tradicionais, além de enfocar os temas paralelamente aos seus principais aspectos sociais, religiosos, ideológicos e políticos proporcionando, portanto, uma visão multidisciplinar ao estudo.

A idéia de produzir o presente livro surgiu diante das necessidades didáticas do corpo discente e docente, sobretudo aqueles iniciantes no assunto, observando, também, a necessidade de uma obra atualizada com as recentes mudanças ocorridas no cenário mundial. Assim, aceitei o desafio de fornecer um livro didático e atualizado aos alunos, professores e ao público a quem a temática interessar, dispensando, num primeiro momento, a leitura das volumosas obras traduzidas que até então vinham sendo a principal bibliografia disponível para estudo.

CRISTIANO CARRILHO S. DE MEDEIROS
Recife, 15 de outubro de 2008.

PREFÁCIO

Convida nos o Professor **Cristiano Carrilho Silveira de Medeiros** para prefaciar, a quatro mãos, sua nova obra "MANUAL DE HISTÓRIA DOS SISTEMAS JURÍDICOS".

Trata-se de um interessantíssimo livro, cujo conteúdo é extremamente útil, podendo tranqüilamente ser utilizado como livro básico para as matérias História do Direito, História dos Sistemas Jurídicos, História das Instituições Jurídicas, Direito Comparado e suas variações nas múltiplas possibilidades de conformação nas grades curriculares dos diversos cursos de Direito no país. Além disso, seu didatismo e profundidade permitem evidente utilidade como leitura complementar nas disciplinas de Introdução ao Estudo do Direito, Teoria Geral do Direito Civil, Direito Internacional e Direito Comunitário.

Isso tudo porque pretende o autor permitir uma visão introdutória, porém abrangente, da perspectiva histórica dos principais sistemas jurídicos conhecidos, considerando **sistema jurídico** "um agrupamento de ordenamentos unidos por um conjunto de elementos comuns, tanto pelo regulamento da vida em sociedade, como pela existência de instituições jurídicas e administrativas semelhantes".

Para enfrentar tal hercúlea tarefa, goza o autor de excelentes predicados, pois titular de um invejável currículo profissional (Pós-Graduado em Direito do Trabalho (2001) e Mestre em Direito (2002) pela Universidade Federal de Pernambuco/UFPE; ex-Secretário Parlamentar da Assembléia Legislativa do Estado de Pernambuco (2000); ex-Assessor Jurídico da Secretaria Municipal de Educação/

Jaboatão dos Guararapes-PE (2001 a 2002); professor de diversas instituições de ensino, destacando-se a Faculdade Metropolitana da Grande Recife/UNESJ (desde 2002); a FBV- Faculdade Boa Viagem/ FBV (desde 2005); e do Curso de Direito do Instituto Pernambucano de Ensino e Cultura/FAREC (desde 2004), onde hoje atua como Coordenador, o que lhe permite encarar tal mister, com destemor, valendo destacar, inclusive, que não se trata de obra de estréia, uma vez que já foi organizador e co-autor do livro *Saúde Mental e o Direito* e co-autor do livro *O Prazer de Ser Professor*, além de possuir vários trabalhos em periódicos, revistas digitais e CD-ROM.

Como se vê, trata-se de uma obra de fôlego, escrita por quem tem efetivas condições de desenvolvê-la.

Ademais, o enfrentamento desta difícil e apaixonante matéria exige, além de conhecimento, ousadia intelectual, qualidades inerentes ao ilustre autor.

Congratulamos, portanto, o professor **Cristiano Carrilho Silveira de Medeiros**, na certeza de que esse estudo será apenas mais um de muitos que o autor proporcionará a todos aqueles que tiverem a benção de conviver com sua inteligência.

Salvador/BA e Ciudad Real/Espanha, 25 de setembro de 2008.

Pablo Stolze Gagliano
Professor de Direito Civil da Universidade Federal da Bahia – UFBA. Juiz de Direito no Estado da Bahia. Professor de Direito Civil da Escola da Magistratura do Estado da Bahia. Professor convidado dos cursos de extensão da Faculdade Autônoma de Direito de São Paulo; dos cursos de pós-graduação da Fundação Faculdade de Direito da Bahia e da UNIFACS. Mestre em Direito Civil pela PUC-S. Especialista em Direito Civil pela Fundação Faculdade de Direito da Bahia

Rodolfo Pamplona Filho
Juiz Titular da 1ª Vara do Trabalho de Salvador/BA (TRT – 5ª Região). Professor Titular de Direito Civil e Direito Processual do Trabalho da Universidade Salvador – UNIFACS. Professor Adjunto da graduação e pós-graduação em Direito (mestrado e doutorado) da Faculdade de Direito da UFBA. Coordenador do curso de especialização em Direito e Processo do Trabalho do JusPodivm/BA. Mestre e doutor em Direito do Trabalho pela PUC-SP. Especialista em Direito Civil pela Fundação Faculdade de Direito da Bahia. Membro da Academia Nacional de Direito do Trabalho e da Academia de Letras Jurídicas da Bahia

Sumário

Capítulo 1

A Formação Histórica dos Sistemas

1.1. AS ORIGENS DO DIREITO POSITIVO

A sociedade é composta por uma pluralidade de pessoas buscando finalidades comuns através de mecanismos adequados. Portanto, a sociedade é um agrupamento humano permanente, vinculado por laços de solidariedade que surgem espontaneamente, pois o homem é um animal político que precisa viver em sociedade para alcançar seus objetivos, dando origem ao direito positivo que surge como instrumento de harmonização entre o querer individual e a vontade coletiva.

De origem latina, a palavra "Direito" surgiu entre os séculos IV e V. O vocábulo "direito" tem vários significados com muitas afinidades entre si. Quando falamos, por exemplo, em Direito Civil, Direito Romano ou Direito Penal, significa *norma agendi*. A faculdade de agir, quando nos referimos, por exemplo, a direito a remuneração por nosso trabalho significa *facultas agendi*. No primeiro sentido trata-se do chamado *direito objetivo* e, no segundo, do *direito subjetivo*.

O vocábulo "Direito" isoladamente empregado geralmente se refere ao Direito Positivo. O Direito Positivo não se limita a um conjunto de normas escritas: o termo "positivo" diz respeito à chancela do Estado, ou seja, à norma posta pelo Estado.

Cada coletividade constituída em Nação e Estado exterioriza um conceito próprio ou forma peculiar de aplicação da justiça. A existência de um ordenamento normativo imposto pelo Estado à sociedade convive ao lado de princípios revelados pela fé ou razão da natureza humana.

O Direito Positivo surge das necessidades peculiares de cada coletividade constituída em Nação e Estado, cada qual com seus elementos próprios. O conceito e a aplicação da justiça são eminentemente nacionais em decorrência da variedade de fatos e condições para o desenvolvimento das normas, sendo o Direito um verdadeiro espelho do modo de viver de cada povo.

O Direito Positivo é o conjunto de regras próprias que cada povo adota e não se compõe apenas de ramos, como, por exemplo, o ramo do Direito Civil, o ramo do Direito Penal etc.

Paulo Nader explica que Direito Positivo é reunião de institutos jurídicos – normas que disciplinam determinado interesse ou relação social. Como exemplo de institutos jurídicos temos os testamentos, as pessoas jurídicas, os contratos de locação, entre outros.

O direito nasce dos fatos sociais que variam com maior ou menor intensidade, refletindo o modo de vida e os anseios das diferentes culturas e povos. O Direito Positivo é composto pela elaboração de normas oriundas dos costumes e da vontade do legislador estatal; as normas costumeiras podem ser previstas como fonte no sistema jurídico, integrando, portanto, o corpo de Direito Positivo respectivo. Modernamente o Direito também pode ser justificado por metas de justiça social e preservação de valores universais.

Ao longo da história evoluiu-se das guerras tribais aos conflitos atômicos e, atualmente, o Direito Positivo vem disciplinando novos parâmetros normativos para a convivência humana.

Os direitos de primeira geração (civis e políticos) correspondem primordialmente à liberdade e à propriedade; os de segunda geração, à igualdade (direitos sociais, econômicos e culturais); e os de terceira geração (direito ao desenvolvimento, meio ambiente e desenvolvimento comum da humanidade) procuram realizar a fraternidade. A terceira geração de direitos do homem dá lugar à solidariedade, e pode-se até falar em direitos de quarta geração.

Os direitos primitivos não eram fruto do trabalho de legisladores; essas populações desconheciam a escrita formal, e suas regras de regulamentação conservavam-se pela tradição. O direito dos povos sem escrita apresentam as seguintes características:

a) são, por definição, direitos não escritos;

b) são numerosos: cada comunidade tem seu próprio costume;

c) são relativamente diversificados: há diferenças e diferenças de um costume para outro;

d) nas sociedades arcaicas o direito está impregnado fortemente de religião;

e) são direitos ainda em nascimento: numerosos juristas contestam a possibilidade dos povos sem escrita terem um sistema jurídico (negando esse aspecto, os sociólogos defendem o caráter jurídico dos costumes dos povos sem escrita, tendo em vista a existência, nos costumes, de mecanismos de controle social para assegurar o respeito às regras de conduta).

Antes da existência de legislações escritas e dos códigos sistematizados, os mecanismos de controle social eram transmitidos oralmente, por revelações sagradas e divinas. Caracteriza-se o direito arcaico por normas de cunho religioso, com sanções rigorosas e repressoras, o que levou os sacerdotes-legisladores a serem considerados os primeiros intérpretes e aplicadores das leis. Os reis-sacerdotes afirmavam receber as leis do deus da cidade, e o ilícito representava uma infração à regra divinamente proclamada.

No século XIX, sob influência principalmente de Comte, Darwin e Engels, muitos etnólogos tentavam fundamentar as origens do direito num *sistema de evolução progressiva*, tendo como marco inicial um "nada social", passando necessariamente por uniões de grupos, matriarcado, patriarcado, clã e tribo.

O ponto de partida, ou seja, o "nada social" seria uma época em que os homens não viviam em sociedade e em que noções como família e clã não eram conhecidas. Procurava-se no modo de vida de certos animais, sobretudo nos macacos, precedentes para os comportamentos sociais dos homens.

Num estágio social mais adiantado percebe-se uma maior hierarquização da sociedade, geralmente representada por uma estrutura piramidal: no topo, um chefe; abaixo, os vassalos; depois os vassalos dos vassalos; finalmente os servos e os escravos. Surgem as classes sociais (ricos e pobres), as cidades e os direitos urbanos. A partir desse ponto já não existem povos sem escrita.

A finalidade prática do Direito Positivo e da Ciência Jurídica consiste em estabelecer as normas destinadas a regular as relações sociais. O Direito Positivo persegue a finalidade de fixar e de fazer respeitar a ordem social em uma coletividade politicamente organizada. O escopo último da norma jurídica, entendida como criação determinada por sua finalidade prática, é sua aplicação a casos concretos; esta peculiaridade do Direito repercute-se necessariamente na ciência jurídica.

O processo de criação de um direito positivo universal, válido para todos os povos e para as diversas nações, apresenta-se como uma verdadeira utopia diante das inúmeras desigualdades verificadas na hierarquização das sociedades e nas diferentes realidades nacionais.

A questão do "direito dos juristas" como direito criado por uma verdadeira corporação ou por uma classe social específica, considerada órgão de expressão do espírito do povo (*Volksgeist*), foi enfocada pela Escola Histórica.

Eminentes juristas enfatizaram a idéia de *Volkgeist* (espírito do povo): o papel do povo é, a seus olhos, predominante na formação do direito, constituindo os códigos obstáculos à sua evolução natural, que se faz sob a influência das modificações constantes da dinâmica social.

A dinâmica do direito não se realiza sem a conjugação de forças e circunstâncias provenientes de uma ação simultaneamente espontânea e elaborada.

A formação do direito na Europa, com os Estados Nacionais, evoluiu de forma diferente das demais comunidades. Os padrões normativos europeus evoluíram com base na penetração de normas de outros países, sem esquecer que na modernidade, com a idéia de *aldeia global*, o intercâmbio de informações tornou-se bem mais ágil. Enquanto na Europa a evolução do Direito é conseqüência dos processos de unificação política, nas comunidades primitivas a evolução do direito teve como fonte preeminente os costumes do povo.

A consolidação do direito como *criação espontânea do espírito do povo* encontra suas raízes no costume, tendo em vista que as normas postas pelos legisladores e juristas são freqüentemente reconhecidas naquilo que estaria latente no conjunto da sociedade.

Dando ênfase à objetividade do direito, Henrique Ahrens destaca que cada povo possui um espírito comum que indica uma manifestação subjetiva geral. O direito, na sua primeira manifestação, não apresenta a subjetividade sobreposta à objetividade, sendo que antes de o direito subjetivo individual possibilitar a faculdade de exigir alguma coisa, a sociedade já havia declarado o que os homens deveriam fazer por meio das normas: o *direito da sociedade* nasce primeiro para, posteriormente, já objetivado, ser invocado pelos indivíduos.

Desconsiderando-se a edição de leis decorrentes da vontade ditatorial, no processo histórico da criação do direito positivo nas sociedades livres, sua formação se inicia considerando os fatos e os valores (julgamentos positivos ou negativos das condutas) para a *gênese das normas*. Na *gênese do direito*, a conduta humana e os fatos sociais seriam valorados pela sociedade como aceitáveis ou não, sendo posteriormente "objetivados" por meio de normas escritas ou costumeiras. Nenhuma sociedade pode sobreviver sem um código moral fundado em valores compreendidos, aceitos e respeitados pela maioria de seus membros.

Quando temos um Direito Positivo perturbador da ordem social ou desconexo com os verdadeiros anseios da coletividade, temos um território fértil para luta dos povos, governos, classes e indivíduos que de certa forma promoveriam a criação de novas leis para disciplinar o regramento da vida social. Muitas vezes esse processo seria revolucionário, a exemplo da luta da burguesia que fez eclodir a Revolução Francesa, em busca dos ideais de liberdade, igualdade e fraternidade incompatíveis com o espírito do Antigo Regime.

Despreocupado com o objetivo único de concretizar no plano real as discussões deontológicas e os ideais de justiça preconizados pelos filósofos, o Direito Positivo tem por função instrumental afastar as incertezas, colocando a vontade estatal para dirimir as lides entre particulares.

As origens e fundamentos do Direito Positivo, ligados à história e a toda realidade, passaram a ser orientados através de uma filosofia experimental – derivada das idéias de Augusto Comte (França, 1798-1857) – que situava o direito no campo da investigação dos fatos, denominada *juspositivismo* ou Positivismo Jurídico.

No campo dos fatos, abstraindo-se de idéias metafísicas ou sobrenaturais, resume-se o Direito Positivo tão-somente a um direito promulgado e aplicado com vigência em certos lugares e épocas determinadas. A concepção do Direito Positivo separada de qualquer abstração metafísica encontra fundamento na doutrina *juspositivista*, que teve como principal representante Hans Kelsen (Praga, 1881 – Berkeley, 1973), autor da Teoria Pura do Direito, apontada como a teoria geral do Direito de maior repercussão em todo o século XX.

No campo teórico, o jurista Hans Kelsen edificou as bases de uma Ciência do Direito Positivo, retirando do conceito de seu objeto (o próprio Direito) quaisquer referências estranhas, em especial aquelas de cunho sociológico e axiológico (os valores), que considerou, por princípio, matéria relativa a outros ramos do conhecimento, tais como a Sociologia e a Filosofia.

Bem antes de Kelsen, em 1625, a contribuição da Escola do Direito Natural, representada por Hugo Grócio, fez oposição ao pensamento teológico medieval centrado na corrente da vontade divina para explicar as origens do direito.

Muito tempo antes que a criação do Direito fosse estatizada pelo monopólio da função legislativa – que, no Estado moderno, compete a um órgão político por excelência – o Direito era elaborado na sombra e com auxílio do Poder Político.

O Direito e o Poder Político são a favor da centralização e contra o particularismo, a favor da certeza e contra a desordem. Compartilhando os mesmos interesses fundamentais, os dois se assistem mutuamente e cada um concorre para o progresso e para a estabilidade do outro. Esta observação revela-se particularmente exata quando o Direito é orientado para a prática e quando é elaborado de forma pragmática por um corpo de juristas, estruturado socialmente em castas mais ou menos fechadas. A mesma observação pode ser feita em contextos políticos diferentes.

Um sistema jurídico precisa de uma coletividade organizada politicamente. Na evolução histórica européia, ordem jurídica e Estado são fatores indissociáveis. O crescente reforço do Estado dinástico, centralizado e autoritário, em países como França, Espanha, Portugal, Dinamarca, Suécia, Baviera, Prússia e Áustria, contribuiu para forjar os instrumentos mais eficazes e as melhores estruturas para a consolidação dessas nações.

Em relação à questão da instrumentalização do poder político mencionada, acrescentamos os apelos dos juristas, desde o final do século XVI, motivados por razões práticas de certeza jurídica, proclamando, em quase toda a Europa, a defesa de unificações parciais ou complementares; tais apelos não lograram êxito devido à inexistência de condições políticas para tal empreendimento. O poder monárquico acolheria gradativamente a importância da unidade jurídica, convertendo-a em complemento da unidade política.

Diante das muitas diversidades culturais existentes em diversas sociedades, resta evidente a impossibilidade de um Direito Positivo Universal válido para todos os povos. Na impossibilidade de uma "padronização" encontramos diferentes Sistemas Jurídicos – costumeiros e legislativos –, fruto das diferenças da natureza humana.

1.2. BREVE NOÇÃO DE SISTEMA EM DIREITO

A raiz da palavra sistema deriva do grego *synhistanai* (colocar junto). Entender as coisas sistematicamente é o mesmo que estabelecer relações entre elas.

Nos séculos XVI e XVII a visão medieval baseada na filosofia aristotélica e na teologia cristã sofreu uma radical transformação. Na passagem do século XX para o XXI, o paradigma da visão fragmentada (cartesiano) passa a ser sistêmico, no qual a maneira de pensar passou a ser observada através de ligações e relações recíprocas.

A existência do Direito é concretizada por meio de fenômenos que ocorrem com certa freqüência; caso não ocorressem, o Direito não teria nenhuma consistência no plano doutrinário ou da realidade.

O sistema tem caráter dinâmico, captando normas dentro de um processo de contínua transformação. Não se deve desconsiderar os impulsos originados pela idéia de sistema para a complementação do direito. A consciência do conceito, da estrutura e da função do sistema no direito direciona no sentido de uma resposta para a questão do papel do sistema na verificação e integração das lacunas jurídicas. O conjunto das fontes do direito forma um todo, destinado à solução de todas as questões. Com efeito, a argumentação a partir do sistema torna possível a compreensão e a solução do problema das lacunas.

É possível considerar que, utilizando-se referenciais escolhidos em cada cultura jurídica, o Direito tende para tratar de modo igual o igual e de modo diferente o diferente, de acordo com a medida da diferença, mediante algumas referências eleitas em cada cultura jurídica.

Por mais primitiva que seja uma sociedade onde surgem os litígios, só é possível conceber um Direito quando os conflitos de interesses mereçam soluções previsíveis, diferenciadas em função do grau de sua relevância. Os fenômenos jurídicos trazem relações estáveis entre si, facultando estruturas que permitem a construção ontológica do conjunto.

Na noção de Kant, *sistema* é a unidade, sob uma idéia, de conhecimentos diversos; ou a ordenação de várias realidades em função de pontos de vista unitários. Esta idéia pode ser aplicada a relações estáveis, que constituem o Direito.

O direito como realidade cultural deve ser conhecido para ser aplicado, daí a função do Sistema no Direito. O Direito pressupõe uma repetição de fenômenos normativos sob a forma de acontecimentos dotados de dimensão social.

Nas sociedades primitivas a aprendizagem das normas poderia ocorrer de forma empírica diante da simplicidade das regras, ou seja, fazendo-se corresponder, em termos descritivos, às situações típicas da vida, determinadas conseqüências jurídicas.

Em graus mais avançados, o desenvolvimento social faz com que o processo de aprendizagem necessite de reduções dogmáticas (generalizações para facilitar a transmissão de conhecimento) a fim de ser viabilizado. Tal fenômeno se percebe em previsões normativas e conseqüências jurídicas linguisticamente descritas, relativizadas, como percebido no Direito Romano.

Nas compilações do Direito Romano, em particular no Digesto, as soluções ali sistematizadas procuravam tratar o igual de modo igual e o diferente de modo diferente, de acordo com a medida da diferença, atingindo uma adequação formal que preservou as instituições jurídicas romanas posteriormente difundidas até os dias atuais.

O chamado Direito Privado continental, por sua vez, é resultado da recepção do Direito Romano nas universidades medievais, no humanismo francês (século XVI) e na recepção *pandectística* alemã do século XIX.

No fenômeno da recepção percebe-se que uma dada comunidade, independentemente de qualquer dominação política, econômica ou social, adapta elementos jurídicos significativos de outra, presente ou passada. Trata-se de um fenômeno cultural. A existência da recepção repousa na difusão cultural de certos elementos ou na aprendizagem de uma determinada Ciência.

A recusa do sistema tornaria impossível falar em Ciência Jurídica, tornando as fontes não-manuseáveis e descontrolando as decisões; assim, a idéia de sistema pode ser considerada a base do discurso científico e metodológico.

1.3. HUMANISMO E RENASCIMENTO

No espírito do renascimento, as idéias do *humanismo* repercutiram bastante nos avanços legislativos e na formação dos sistemas jurídicos ocidentais.

O termo "humanismo" é tradicionalmente associado ao Renascimento, em razão do contexto histórico em que nasceu. Trata-se de um movimento intelectual difundido na Europa durante o Renascimento e que criou condições políticas e acadêmicas para um melhor desenvolvimento do estudo do Direito. O humanismo renascentista é inspirado na civilização greco-romana, que valorizava um saber crítico voltado para um maior conhecimento do homem e uma cultura capaz de desenvolver as potencialidades da condição humana.

O renascimento produzido no Ocidente europeu manifestou-se em todos os planos; um dos seus aspectos importantes é o jurídico. A sociedade, com o renascer das cidades e do comércio, toma de novo consciência de que só o direito pode assegurar a ordem e a segurança necessárias ao progresso. O ideal de uma sociedade cristã fundada na caridade é abandonado; renuncia-se à criação na Terra da cidade de Deus. A própria Igreja distingue a sociedade religiosa dos fiéis da sociedade laica, o foro externo do foro interno, e elabora, nessa época, um direito canônico.

Com a abertura do Mediterrâneo, antes dominado pelos muçulmanos, as associações de comerciantes assumem papel preponderante, em que o regime municipal toma feição comercial; surgem confederações de corporações de mercadores; na França, surgem os sindicatos de pequenos artesãos; mercadores governavam Gênova, Pisa, Florença e Veneza. Esse novo sistema econômico antecede o que posteriormente denominou-se capitalismo. Surge a figura dos *consules mercatorum* que, uma vez eleitos pelas corporações, dirimiam processos numa justiça administrada sem formalidades e exerciam um poder legislativo e judicial.

Uma vez fortalecidos, os burgueses passaram a lutar por seus direitos e a combater os privilégios da nobreza. No contexto do Renascimento também ficou mais nítido que a religião não se confundia com a ordem civil, reconhecendo que a sociedade deveria ser regida pelo direito, regressando à antiga idéia dos romanos.

O pensamento iluminista refletia um desejo de ordem, de hierarquia e de concentração legislativa no poder central, o Estado. Os burgueses precisavam superar a tradição medieval, corporativa e confusa diante dos novos padrões.

A antiga cultura greco-romana foi revivida nessa época também marcada pela ocorrência de inúmeras realizações no campo artístico, literário e científico, que superaram a herança clássica. O espírito do Renascimento foi marcado pelo ideal do humanismo compreendido como um retorno ao passado, referencial de civilização. Num sentido amplo, essa valorização do homem e da natureza pode ser entendida como *humanismo*, em oposição ao divino e ao sobrenatural, conceitos que povoaram o espírito da cultura medieval.

A linha de pensamento do Renascimento foi certamente uma revolução dentro da concepção cristã de vida, cujos anseios de renovação e aspirações de liberdade fundamentavam a afirmação dos valores atinentes à natureza humana.

Novas descobertas em Física, Astronomia e Matemática (conhecidas como Revolução Científica) são difundidas por Copérnico, Galileu, Descartes, Bacon e Newton. O século XVIII é o Século das Luzes, em que a Europa é francesa no tocante a cultura, artes, letras e filosofia. Inúmeros pensadores influenciaram a política e o pensamento jurídico dos séculos XIX e XX.

As idéias de soberania popular, separação de poderes, preponderância da lei, legalidade das infrações e das penas, direitos do homem e direitos naturais inalienáveis desenvolveram-se no século XVIII como expressão do nascente liberalismo.

Dentro das várias contribuições do movimento iluminista, podemos ressaltar o anseio de neutralização do despotismo dos soberanos e o recurso à razão humana para a compreensão dos fenômenos atinentes ao homem.

Concretizando no mundo jurídico as idéias iluministas temos a *Bill of Rights* na Inglaterra (1689), as constituições dos Estados americanos (1776-1777), a constituição federal dos Estados Unidos (1787), a Declaração dos Direitos do Homem na França e as constituições da época da Revolução (1791,1793,1795).

No Continente Europeu as grandes codificações do século XIX eram conseqüência das idéias iluministas. Neste entendimento, a lei e, ainda mais, o Código eram um serviço prestado pelo monarca a seu povo.

O Iluminismo, significando a modernização forçada e pelo alto, consistiu, no direito, em crítica aos privilégios estamentais da nobreza, da autoridade da tradição, crítica aos limites da propriedade feudal, crítica ao poder dos reis, crítica ao clericalismo (secularização).

Os Códigos Iluministas começam a surgir em 1756 com o *Codex Bavaricus* (de Max José III, da Baviera). Em 1786 surge o Código Josefino (José II, filho de Maria Teresa da Áustria). E finalmente, como fruto maduro dessa fase, o Código Civil da Prússia (sob Frederico, o Grande), de 1794.

As relações entre os homens seriam reguladas por leis naturais, e os ideais liberais difundidos pelos iluministas contribuíram decisivamente para o êxito da Revolução Francesa.

Entre os pensadores que mais contribuíram para a modernização do direito e do pensamento jurídico no século XIX e XX temos John Locke (1632-1704), Montesquieu (1689-1755) e Jean-Jacques Rousseau (1712-1778).

Locke escreveu em 1690 o *Civil Government*, desenvolvendo as idéias do liberalismo nascente sobre a limitação do poder no Estado e sobre direitos e liberdades do cidadão.

John Locke defendeu a divisão dos poderes em legislativo, executivo e federativo a fim de conceber métodos para restringir quaisquer exorbitâncias por parte daqueles a quem haviam conferido autoridade sobre as pessoas e para equilibrar o poder do governo, com a distribuição de suas partes entre diversas mãos.

Discípulo de Locke, Montesquieu no clássico *O Espírito das leis* (1748) desenvolveu estudos comparados sobre a evolução histórica das nações e descreveu o direito constitucional inglês no qual se baseia a teoria da separação independente e harmônica dos poderes legislativo, executivo e judiciário.

Inspirado em Locke, Montesquieu assevera que só existe liberdade política nos governos moderados diante de um poder limitado: "para que não se possa abusar do poder, é preciso que, pela disposição das coisas, o poder limite o poder".

1.3.1. A visão contratualista do sistema político-social

Na obra *Contrato social* (1762), Jean Jacques Rousseau previu a base de qualquer sociedade política; nessa obra encontramos a concepção do Estado burguês moderno e a idéia de que a legitimação das formas de governo emana da vontade do povo.

Na visão contratualista do sistema, o processo de elaboração das leis de um Estado emana da vontade geral fundadora do pacto social. O poder de editar as leis emana da idéia de pacto, marcando assim o espírito das democracias modernas. O Poder legislativo é indispensável, seria o "coração do Estado" e o Poder Executivo seria o cérebro. Nesse contexto, defende-se a necessidade de as leis terem caráter geral e abstrato, jamais versando sobre casos concretos ou comportamento deste ou daquele cidadão. Destacamos modernamente o preceito de que "todos são iguais perante a lei, sem distinção de qualquer natureza", contido no Art. 5º da atual Constituição Federal brasileira. Esse preceito constitucional reforça a idéia que a generalidade das leis conduz à prática da igualdade de todos perante as leis.

A lei identificada como ordem e progresso deve ser a expressão maior da vontade geral, ou seja, uma orientação racional de todos para com todos, concretizando os objetivos do pacto social. O desvio dos objetivos do pacto seria fruto da decadência das forças sociais, do poder e das instituições. Conforme o espírito Renascentista, os direitos civis devem ser elaborados como uma continuidade da lei natural, destacando também uma preocupação com a noção de ordem, equilíbrio e divisão de poderes. Na obra *O Contrato social* percebemos que não se pode retirar do Estado a independência e harmonia dos poderes legislativo, executivo e judiciário, sob pena de se instaurar um estado de anarquia e desordem.

O contratualismo teve, em Rousseau, a determinação incisiva, complexa e difusa, na medida em que, influenciando diretamente a revolução Francesa, acentua como ponto basilar os chamados direitos e garantias naturais da pessoa humana. A base da sociedade não está exatamente numa natureza boa ou egoísta, mas em uma vontade geral que expresse o livre acordo de direitos naturais e individuais por direitos civis. O poder que representa essa vontade do povo se constitui numa instituição (Estado) moral e política que dá execução às decisões do todo.

Atualmente sabemos que os Direitos Civis não podem ser concebidos como um mero conjunto de normas jurídicas sem significado axiológico. Para Rousseau, o conteúdo dos Direitos Civis estaria contido no Contrato Social, baseado na vontade geral. A vontade geral é uma vontade de formar a sociedade através de um pacto capaz de preservar direitos e liberdades inatos ao homem. O Direito Natural estaria acima do poder soberano. Assim, o Direito e seus diversos ramos devem se estruturar em um ordenamento essencialmente justo e democrático, com sua organização estabelecida por preceitos e princípios capazes de regular as relações no plano social.

Na perspectiva de Rousseau, os Direitos Naturais preexistem aos Direitos Civis. Nesse prisma, o pensamento de Hobbes defendia inexistir injustiça enquanto não se viola a lei civil ou a lei natural. Para Hobbes, a lei civil e a lei natural não podem se contradizer, pois, embora ele admita um princípio de justiça que consista em dar a cada qual o que lhe é de direito, apenas a lei civil determina o que é devido a cada qual, de sorte que nada pode ser considerado injusto senão o que viola outra lei.

Finalmente, no Renascimento é possível perceber uma visão contratualista da ordem jurídica, onde o Direito Positivo é concebido como resultado do livre consentimento dos homens em sociedade, portanto, obra da vontade coletiva. Nesse sentido podemos vislumbrar a origem do direito em seu aspecto extrínseco.

1.4. MODELOS SISTEMÁTICOS, COMPILAÇÕES E CODIFICAÇÕES

A relevância substantiva do sistema – ou dos diferentes modelos sistemáticos – pode ser comprovada através dos seus reflexos nas codificações civis.

No Estado nacional, as necessidades político-sociais de simplificação manifestam-se nas diversas codificações em que os modelos sistemáticos possuem relevo em cenários históricos de reconstrução ou progresso.

O processo de codificação de um ramo jurídico tem por alcance a organização do acervo normativo pertinente à uma matéria específica, concentrando-o de uma forma prática e técnica em um texto sistematizado.

Nas codificações é possível a introdução de esquemas de tipo econômico nas proposições jurídicas, tornando os “circuitos” do Direito acessíveis aos não-juristas.

Além da introdução de esquemas de tipo econômico nas proposições jurídicas, a edição de códigos também proporciona aos Estados sua unidade jurídica e implica a revogação das regras anteriores. A autonomia do Direito nacional é um reflexo da soberania política do Estado – o aparecimento das grandes codificações coincide com o surgimento dos Estados autoritários.

Por outro lado, o papel dado à codificação revela um centramento nos sistemas jurídicos romano-germânicos, em que as codificações necessariamente redutoras e simplificadoras provocam, portanto, atitudes positivistas que recusam quaisquer referências metafísicas ou filosóficas na essência das normas.

Nesse processo, são sucessivamente afastadas as considerações religiosas, filosóficas e políticas, num movimento que priva, depois, a Ciência do Direito de vários dos seus planos. No limite, cai-se na interpretação literal dos textos, situação comum nos autores que consideram intocáveis as fórmulas codificadas.

As codificações foram introduzidas sob o impulso do racionalismo pelos Estados autoritários e dinásticos e levadas ao ponto culminante pelos Estados nacionais. Os ordenamentos jurídicos encontram o próprio fundamento nas codificações que os separam das suas raízes históricas. Por outro lado, cada ciência jurídica se isola entre os muros da soberania nacional, da qual a soberania legislativa é expressão natural.

1.4.1. As compilações antigas

Numa digressão histórica anterior ao impulso racionalista e a intensificação das codificações pelos Estados Nacionais, a doutrina destaca alguns monumentos legislativos. Essas primeiras formas de expressão normativa careciam de uma técnica legislativa adequada e não distribuíam sistematicamente suas matérias, disciplinando diversos temas de forma aleatória ao longo do conteúdo.

Historicamente as regras de direito surgem na forma costumeira, consubstanciadas em práticas sociais e normas que disciplinavam os interesses básicos dos membros da sociedade. Alguns desses costumes passaram a ser compilados. Compilações, na Antigüidade, ainda hoje são chamadas por *código*, mas não se enquadram, todavia, no conceito moderno desse termo, tanto por sua forma quanto por seu conteúdo.

As formas primitivas de expressão do direito surgiam em compilações de regras consagradas pelos usos e costumes, e poucas eram as inovações ditadas pelo poder vigente. As compilações antigas muitas vezes faziam alusão a fatos e à inclusão de textos doutrinários. Nas *Institutas* de Justiniano, por exemplo, encontram-se páginas dedicadas à história do Direito Romano. Tais procedimentos são estranhos às modernas codificações.

Da Antigüidade vem o Código de Hamurabi, ligado ao povo babilônico. Dos romanos nos ficou de primeiro a Lei das XII Tábuas. A obra monumental, no gênero, foi o *Corpus Juris Civilis*, do século VI, compilação ordenada pelo imperador Justiniano. Entre as compilações mais antigas encontramos o Código de Manu, a Legislação Mosaica e o Alcorão.

Para registrar outros esforços da humanidade em codificar regras de Direito, da Antigüidade também merecem ser citadas as leis de Ur-Nammu (2111 a 2094 a.C.); as leis de Lipit-Istar (1934 a 1924 a.C.); as leis de Eshnunna (1825 a 1787 a.C.) e as Leis de Manu (séculos II a.C a II d.C., na Índia antiga).

1.4.2. O Código de Hamurabi

O Código de Hamurabi continha idéias claras sobre direito e economia, tendo surgido na antiga Mesopotâmia. Conforme os registros históricos, Hamurabi reinou entre 1728 e 1686 a.C. O referido Código continha 282 preceitos em um conjunto assistemático, abrangendo uma diversidade de assuntos, sendo apontado como o código mais antigo que já se tem notícia no mundo do direito.

Escrito em estilo cuneiforme e gravado em uma estela de diorito negro de 2,25 m de altura, uma parte desse código, hoje no museu do Louvre, na França, foi descoberta em 1901 em Susa, por J. de Morgan, e decifrada pelo padre Vincent Scheil, tendo seu conteúdo sido completado com o estudo de cópias assírias.

1.4.3. As Leis das XII Tábuas

A Lei das XII Tábuas representa um monumento fundamental para o Direito, revelando uma legislação rude e bárbara, inspirada em legislações primitivas, com poucas diferenças do direito vigente em séculos anteriores. Mais do que qualquer outra compilação antiga, repercutiu séculos afora por toda a Roma Republicana, e, posteriormente, na Roma Imperial, durante cerca de cinco séculos, até a compilação de Justiniano. Seus retalhos, incorporados a esta, transbordaram com ela das fronteiras do Império e se disseminaram por todas as legislações que sofreram influência romana, inclusive a brasileira.

Surgida do conflito entre a plebe e o patriciado, como forma de evitar o *jus incertum* e proporcionar a igualdade de direitos entre as classes sociais, os fragmentos das Leis das XII Tábuas foram transmitidos graças ao trabalho de jurisconsultos e literatos.

A Lei das XII Tábuas revela em seu conjunto um estado da evolução do direito público e privado compatível com o que é conhecido em Atenas por meio das leis de Drácon e de Sólon. A solidariedade familiar é abolida, mas mantém-se a autoridade quase ilimitada do chefe de família; a igualdade jurídica é reconhecida teoricamente; são proibidas as guerras privadas e instituído um processo penal; a terra, mesmo a das *gentes*, tornou-se alienável; é reconhecido o direito de testar.

Essas primeiras formas de expressão do Direito surgem da necessidade da criação de mecanismos de controle social compilados a partir de regras emanadas dos usos e costumes sociais.

1.4.4. Leis de Manu

Escrito em sânscrito e elaborado entre o século II a.C. e o século II d.C., o Código de Manu reunia preceitos de ordem religiosa, moral e política, mas não alcançou a projeção obtida pelo Código de Hamurabi e a Lei Mosaica. Manu Vaivasvata é um personagem mítico que existiu na Índia antiga, muito respeitado pelos brâmanes (membros da mais alta casta hindu, a dos homens livres), razão por que sua obra legislativa era de significativa importância. Na mitologia hinduística, Manu – considerado “Filho de Brama e Pai dos Homens” – foi o homem que sistematizou as leis sociais e religiosas do Hinduísmo.

As Leis de Manu representam uma primeira organização geral da sociedade, sob forte motivação religiosa e política. Exemplificam a situação do direito nos povos que não chegaram a separar a ordem jurídica dos demais planos da vida social.

1.4.5. A noção de Código na acepção moderna

Como evidenciado nas compilações da Antigüidade, a relevância das codificações já era sinalizada, de forma primitiva, entre os povos mais antigos.

Numa fase histórica mais adiantada, Pablo Stolze Gagliano e Rodolfo Pamplona Filho destacam que na França e na Itália a codificação possibilitou a extinção de regimes de leis profusas, das mais variadas espécies, sem qualquer coerência metodológica que caracterize um ordenamento codificado.

Código é o conjunto orgânico e sistemático de normas jurídicas escritas e relativas a um amplo ramo do Direito. No latim primitivo *CAUDEX* ou *CODEX* queria dizer tábua, prancha de madeira.

O código sistematiza em texto uniforme disposições atinentes a certas ordens de interesse, podendo abranger a quase totalidade de um ramo, como o Código Civil, ou alcançar apenas uma parcela menor da ordem jurídica, como é a situação, por exemplo, do Código de Defesa do Consumidor. A quantidade de normas também não é critério para caracterizar um Código, podendo este apresentar maior ou menor extensão. Há leis que são extensas e não constituem códigos. Fundamental é a sistematização, que não pode deixar de existir. O Código deve ser um todo harmônico, em que as diferentes partes se entrelaçam, se complementam. As partes que compõem o Código desenvolvem uma atividade solidária, há uma interpenetração nos diversos segmentos que o integram, daí dizer-se que os Códigos possuem organicidade.

Na antiga acepção da palavra, código era apenas uma compilação dos costumes e das diferentes regras vigentes, fossem elas regras penais, civis, comerciais ou tributárias. Não havia divisões de assuntos ou organização lógica nos códigos. Apesar disso, sua natureza consuetudinária apresentava a vantagem de clara identificação com o comportamento social, ao qual o código veio acrescentar a segurança jurídica, a igualdade de tratamento e a publicidade das regras.

Paulo Nader ensina que, na acepção moderna, código é modalidade aperfeiçoada de organização de um ramo jurídico, à luz de princípios e valores convergentes, que se entrelaçam, formando um todo orgânico e sistemático. Embora se refira a um ramo da árvore jurídica, o código não concentra a totalidade dos institutos jurídicos da espécie, isto porque só se enfeixa em textos a matéria que já alcançou sedimentação ou maturidade na doutrina. Os institutos que ainda se concentram em fase cartilaginosa são objetos de lei à parte, integrando, de igual modo, a ordem jurídica. A elaboração dos códigos, na Lógica Formal, segue o método dedutivo. O legislador parte de princípios gerais e de específicos para compor o todo normativo. A técnica de interpretação, posteriormente, decodifica o Direito, adotando o método indutivo, ou seja, de diversos pontos conexos procura alcançar o princípio reitor da matéria, que será o elemento-chave da exegese.

Os historiadores do direito deram o nome de código a compilações pré-romanas de direito em virtude das semelhanças entre os fins buscados por essas compilações. A noção de código também é percebida nas numerosas compilações existentes na Idade Média.

Na Idade Média, o termo *código* designa unicamente as codificações romanas, mas existem compilações correspondentes à idéia de código designadas por outros termos, sobretudo *corpus*, *Rechtsbuch* etc... Certas leis da Idade Média são códigos; por exemplo, o Breviário de Alarico. Nos séculos XIII a XVI numerosas compilações tendem a codificar o direito, tais como as Decretais de Gregório IX; as outras partes do *Corpus iuris Canonici*; as *Siete Partidas*; o *Landrecht* e o *Stadtrecht* da Noruega de Magnus Hakonarsen (1274-6); as Ordenações Afonsinas (1476), Manuelinas (1521) e Filipinas (1603), em Portugal; a *Nueva Recompilacion de lãs Leys* (1567) em Espanha; e ainda numerosas redações de costumes, como o costume de Anvers de 1608, com os seus 3.832 artigos.

1.4.6. O movimento de sistematização das normas

Por tudo isso, a codificação não se confunde com uma compilação. Uma compilação implica sempre um conjunto de fontes, submetido a determinada ordenação. Pode ser envolvente e, teoricamente, até mesmo total, surgindo acompanhada da expressa menção da revogação de todas as fontes nela incluídas: nem por isso ela se confunde com uma codificação.

Em termos históricos, o surgimento da "Era da Codificação" teve propulsão a partir da doutrina da divisão independente e harmônica dos poderes executivo, legislativo e judiciário. Foi o filósofo Aristóteles, na Grécia antiga, quem primeiro idealizou a doutrina da divisão dos poderes posteriormente desenvolvida por Montesquieu, pela qual o Poder Legislativo teria a competência para criar o Direito, sendo a contribuição mais relevante para o surgimento do movimento das codificações.

A viabilidade da codificação só ocorre após um certo estágio do desenvolvimento da Ciência do Direito que corresponde a uma estruturação juscientífica de certas fontes e implica a sujeição dessas fontes ao pensamento sistemático. Surge então uma consciência mais ou menos assumida do relevo da linguagem e da dimensão estruturante do todo, na cultura.

O modelo sistemático mantém íntima relação com o positivismo e a necessidade de segurança jurídica, impedindo a busca da justiça além dos limites estabelecidos no código.

A idéia codicista tem conteúdo positivista, uma vez que não vislumbra qualquer fonte jurídica além do código – "*quod non est in lege, nee in iure*". O codicismo é uma das modalidades do positivismo, talvez a mais limitada de todas. O único benefício decorrente da prática codicista foi a exaltação do valor *segurança jurídica*. Se de um lado impedia a busca da justiça em fórmula extracódigo, por outro vedava a discricionariedade das decisões, impondo a aplicação das regras codificadas.

Nota-se que a codificação das normas de um povo contribui para afastar a incerteza jurídica, ou seja, confere certeza ao cumprimento das regras, aumentando os vínculos sociais e morais daquela sociedade no âmbito de seu território. Em outros termos, essa sistematização do Direito, somada ao sentimento de identificação moral e integração da sociedade, configura uma base sólida que fortalece a unidade política do Estado.

O movimento codificador foi uma tarefa morosa e complexa; o desenvolvimento necessário só foi realmente atingido na França, nos finais do século XVIII, chegou à Alemanha e superou o direito comum (direito romano adaptado às condições européias pelos juristas europeus a partir da Idade Média) e o direito costumeiro. Mas o movimento jurídico da codificação não abrange apenas a elaboração de um código: significa a adesão ao direito escrito, ao direito codificado ou legislado. Nesse caso, em códigos, estão os principais ramos do direito.

Assim, a primeira codificação no sentido próprio do termo é a francesa de 1804, ou Código Napoleão. O *Allgemenies Landrecht* prussiano (1794) tinha traços de codificação, mas, por carências várias, não pode ser considerado uma verdadeira codificação.

Lembra Sílvio Venosa que a codificação reduziu os direitos a certos grupos bem definidos. O Código de Napoleão e, posteriormente, o Código Civil Alemão tiveram papel preponderante nesse sentido. Notamos, ao contrário, um sentido de realização de um ideal comum, além do que essas codificações fundamentais mencionadas foram fator de tremenda difusão universal do sistema românico, tanto dentro como fora da Europa.

Acrescente-se que o Código Civil Napoleônico (1804), na França, permitiu o conhecimento e redimensionamento do material jurídico românico. Evidenciando seu esforço reformador, Napoleão acompanhava de perto os trabalhos legislativos para assegurar que os ideais da Revolução Francesa estivessem consagrados no diploma legal. Este código, notável por seu conteúdo e pela técnica de sistematização e vinculação de suas regras a um todo, foi elaborado por uma comissão legislativa especializada em Direito e Filosofia.

Em termos sistemáticos, as normas inseridas em um mesmo Código devem principalmente se entrelaçar e se complementar, além de se relacionar a um mesmo aspecto ou ramo do Direito.

Napoleão Bonaparte teria ressaltado a importância da codificação civil francesa na estrutura e vida social de um povo, representando a mais duradoura obra humana que se poderia realizar, conforme as palavras que teria confessado a Mentholon, em Santa Helena: *Minha verdadeira glória não é a de ter vencido quarenta batalhas, pois basta Waterloo para apagar a lembrança de tantas vitórias. Aquilo que nada conseguirá apagar, que viverá eternamente, será o meu Código Civil.*

Ressalte-se que o movimento de codificação das normas foi o surgimento da tendência à sistematização de todas as regras vinculadas a um mesmo tema, reunidas em um único diploma legal, a exemplo das instituições como família, propriedade e contratos, que passaram a ter sua regulação abrangida em um único código.

Quanto ao desenvolvimento da Ciência do Direito, com o advento da codificação napoleônica, surgem as primeiras obras de doutrina não admitindo o princípio da exclusividade da lei como fonte do direito. As primeiras obras de doutrina, escritas depois da codificação napoleônica, foram-no por juristas que, tendo ainda conhecido o direito consuetudinário do Antigo Regime e sido formados pelo estudo tradicional do direito romano, não admitiam o princípio da exclusividade da lei como fonte de direito; para eles, a lei retirava sua força do direito e não o direito da lei.

Assim, a interpretação da lei deve ocorrer em função da concepção que daquilo que a fez nascer, devendo-se explicar os códigos e as leis da época revolucionária e napoleônica com o auxílio do direito romano e do direito costumeiro francês, como o fez a Escola Histórica.

Em relação à transmissão da aprendizagem do direito, a sistematização das normas proporcionou uma melhor difusão da cultura jurídica, trazendo à sociedade a garantia de limites à ação e marcando o crescimento da "certeza jurídica" em detrimento da "flexibilidade evolutiva e de interpretação".

É no espírito do humanismo renascentista que ocorre a primeira onda de codificações. Através do poder político, surgem nos estados absolutos da Europa central e oriental grandes monumentos legislativos para sistematizar a matéria jurídica composta pelo direito romano-germânico.

Essas sistematizações, além de registrar e codificar o Direito existente, modernizaram os Estados, organizando seus elementos fundamentais de forma mais racional, preparando a sociedade para o desenvolvimento.

O poder político dos monarcas (na Europa) se fez presente como força propulsora do processo de codificação e criação do Direito. O triunfo do despotismo esclarecido acaba por criar inúmeras obras, entre elas o *Codex Maximilianus Bavaricus Civilis* (1756), o Código Civil Prussiano (1794) e o Código Civil Austríaco (1811). Posteriormente, no início do século XIX, a vitória revolucionária da emergente burguesia francesa seria consagrada por meio do Código Civil francês. Outros Estados da Europa e da América Latina aderiram à visão de vínculo entre o Direito e o Estado, assegurando o monopólio da criação da lei estatizado pelo poder político.

O Código Civil Francês de 1804 foi produto da filosofia racionalista e individualista que norteou a Revolução Francesa. A idéia de que o conhecimento poderia ser gerado pela razão, independentemente da experiência concreta, haveria de repercutir diretamente na ordem jurídica, propiciando a formação de leis e códigos, que seriam a dedução de princípios fundamentais. O cordão umbilical que ligava o Direito ao *Corpus Juris Civilis* poderia ser cortado. Cada época seria capaz, pelo poder da razão, de gerar princípios e fórmulas práticas de disciplina social, e os códigos poderiam ser plenos de soluções para todas as questões emergentes. Paulo Nader ressalta que o Código Napoleão não chegou, todavia, a ser um rompimento com o passado. A comissão que o elaborou orientou-se também pelas normas costumeiras que predominavam ao norte da França, pelo Direito Romano que vigorava ao sul, além do Direito Canônico e da legislação superveniente a 1789. À Promulgação do Código Napoleão seguiram-se, na esfera de interesse dos *direitos subjetivos privados, o Code de Procédure Civil,* de 1806 e, em 1807, o *Code de Commerce.*

Trata-se o movimento das codificações, na opinião de Pablo Stolze Gagliano e Rodolfo Pamplona Filho, de uma influência histórica da Escola do Direito Natural, cuja ambição era tornar realidade a concentração das normas jurídicas em um único corpo legislativo. A comparação com livros sagrados (como a Bíblia, a Torá, o Alcorão etc.) é inevitável, pela constatação de que também pretendem ser o repositório de todas as regras disciplinadoras de determinadas condutas.

Na Europa, os juristas foram buscar no Direito Romano a diretriz suprema da elaboração do Código Napoleônico. Os pilares do Código Napoleão residiam nos artigos 544 e 1.134/1, que concebem a propriedade como o direito de gozar e de dispor dos bens da forma mais absoluta, desde que não se faça deles um uso proibido pelas leis e pelos regulamentos, e legitimam que as convenções legalmente formadas têm força de lei entre as partes. A propriedade remonta ao direito romano e sua limitação denota uma preocupação moderadora ao lado da autonomia privada no campo contratual.

No campo privado, o processo de sistematização proporcionado após as inovações do Código de Napoleão (França, 1804) e, posteriormente, do Código Civil Alemão (1900) facultaram uma melhor atuação nos níveis econômicos.

No Brasil, o Direito Romano se apresenta como antecedente histórico para a codificação do Direito Privado: a maior parte dos artigos do Código Civil de 1916 são produtos da cultura romana.

Em termos históricos, a sistematização de um código também é vista como fruto do amadurecimento do Direito de um povo. Poucos foram os chefes de governo que lograram viver essas épocas e puderam ver a tarefa da codificação concluída. Poucas são também as gerações de operadores do direito que conviveram com o nascimento ou a substituição de códigos.

Na esfera da repercussão social, um código não pode sistematizar matérias polêmicas. O acúmulo de experiências é fundamental na evolução do Direito, sendo os Códigos fixados segundo momentos históricos mutáveis de povo a povo e, dentro de cada povo, manifestando as sucessivas fases da vida social.

O Direito é um processo contínuo e permanente de acumular experiências. Os Códigos não surgem do nada. Há necessidade de um profundo substrato estrutural para uma codificação, de um conjunto de leis anterior, de maturidade para a tarefa, bem como de técnicos capazes de captar as necessidades jurídicas de seu tempo.

Entretanto, o contínuo acúmulo de experiências e técnicas no processo de evolução do movimento codificador deve ser considerado ao lado do problema da impossibilidade de normatização de todos os fatos juridicamente relevantes, um Código nem sempre consegue reger todas as matérias que merecem tutela jurídica.

1.4.7. O envelhecimento prematuro das codificações

Nas técnicas de sistematização, as matérias polêmicas e detalhistas devem ser disciplinadas por meio de legislação extravagante. O impacto social do avanço tecnológico e a demora na tramitação legislativa observada na maioria dos Códigos também reforçam que, na verdade, um código, ao entrar em vigor, já se encontra defasado.

As leis nascem defasadas pois o laboratório do legislador é a História, seu próprio passado. O legislador programa leis para os fatos sociais que o cercam, e é cada vez mais difícil prever condutas. No entanto, a qualidade de uma codificação reside, entre outros aspectos, no fato de poder adaptar-se, graças ao trabalho de juízes e doutrinadores, aos fatos futuros. Aí está o caráter de permanência de um código, que contribuirá para a aplicação ordenada do Direito, em busca da paz e da adequação social, fins últimos da Ciência do Direito.

Com efeito, diante da defasagem entre o nascimento da lei e sua adaptação às mudanças sociais, são grandes as dificuldades e desafios do codificador que deve sistematizar o que se amarra ao passado e o que propende para o futuro, acomodando a lei e as novas formas de relações.

O envelhecimento prematuro dos Códigos reflete a necessidade de constantes reformas e adaptações legislativas. Diante disso, a tendência contemporânea é a legislação por microssistemas ou estatutos.

A tendência, ainda hoje flagrante, de difundir exposições jurídicas amparadas nos conceitos legais oriundos dos códigos ilustra, de modo eloqüente, a implantação profunda do formalismo jurídico.

Na sistematização de um Código Civil, a melhor técnica legislativa seria optar por conceitos abertos na redação dos seus preceitos, cabendo à doutrina e à jurisprudência o preenchimento dessas lacunas ao longo do tempo.

Finalmente, no processo de sistematização caberia ao legislador debruçar-se sobre a experiência histórica no intuito de antever o futuro.

1.5. A MULTIPLICIDADE DOS DIREITOS E OS SISTEMAS JURÍDICOS

1.5.1. A variedade das regras de cada povo

A multiplicidade dos direitos é um fato, sendo muitos seus elementos variáveis e constantes. Ao compararmos os direitos nacionais, verificamos que diferentes regras são aplicadas em diversos países;

por exemplo, quando percebemos um controle judiciário de constitucionalidade de leis no Brasil e não constatamos isso no âmbito do direito dos Estados Unidos.

Para René David (2002, p. 20), a diversidade dos direitos não corresponde unicamente a essa variedade de regras que comportam. Na verdade é um aspecto superficial e falso vislumbrar o direito somente como um *conjunto de normas*. O direito pode realmente concretizar-se, numa certa época e num dado país, num certo número de regras. Porém, o fenômeno jurídico é mais complexo. Cada direito constitui um sistema com vocabulário próprio para certos conceitos; agrupa as regras em certas categorias; comporta o uso de certas técnicas para formular regras e certos métodos para as interpretar; está ligado a uma dada concepção da ordem social, que determina o modo de aplicação e a própria função do direito.

Se o direito fosse concebido apenas como um *conjunto de regras de determinada nação*, estaria definido abaixo de sua dimensão real; assim estaríamos desconsiderando a presença de elementos constantes que proclamam a grande dimensão histórica do direito que possibilita uma visão geral do quadro em que as regras são ordenadas.

As regras de direito mudam conforme o tempo e o lugar, os operadores do direito devem manter-se atualizados frente às constantes alterações legais, porém a transmissão do conhecimento jurídico, de geração a geração, bem como as mudanças legislativas proporcionadas pelas propostas advindas dos estudos comparativos dos diferentes sistemas jurídicos do mundo, só pode ser concretizada em virtude de elementos não-mutáveis.

Tradicionalmente o Direito Positivo está fragmentado em mônades estatais necessariamente separadas com poucas exceções: *os tratados e organizações internacionais* através dos quais os países aceitam aplicar regras jurídicas comuns em um âmbito limitado; as *leis uniformes* e os *contratos internacionais-tipo* que igualmente superam o quadro de um único ordenamento. De resto o Direito Positivo se reduz, em toda parte, à experiência nacional e, desse modo, a ciência jurídica torna-se quase sempre nacional.

Em cada país a Ciência Jurídica analisa detalhadamente as leis, as normas e os princípios do Direito positivo e ignora os princípios e os modelos dos países do resto do mundo. Essa observação tem validade geral. Para Constantinesco, todas as disciplinas e todos os juristas se comportam, no fundo, do mesmo modo. Também o conhecimento do Direito encontra-se igualmente fragmentado em vários compartimentos nacionais; os juristas se contentam em conhecer só um deles e ignoram, de conseqüência, os outros. Em relação a essa situação, existem exceções. De um lado, a filosofia, a teoria geral e a história do Direito – disciplinas que proporcionam uma perspectiva abstrata ou com certa tendência à especulação e à generalização. Do outro, o Direito internacional público e privado – o primeiro ocupando-se da comunidade internacional, o segundo referindo um caso de caráter internacional a um ou a um outro ordenamento jurídico. Todas essas disciplinas procuram infringir o horizonte fechado dos confins nacionais.

A fragmentação do conhecimento do direito exposta por Constantinesco conduz à necessidade de examinarmos os estudos no direito positivo de diferentes nações para percebemos naquelas regras de direito elementos que não podem ser modificados pelo legislador, pois estão ligadas à nossa civilização e aos modos de pensar. Apesar de todas as modificações que as regras podem sofrer, existe a presença de elementos constantes no direito que permitem considerá-lo uma ciência, viabilizando seu ensino.

A evolução do pensamento jurídico atual presente nas realidades sociais dos diferentes povos possui raízes históricas peculiares em que percebemos as afinidades entre os diversos sistemas positivos de Direito, que podem ser classificados em sistemas ou famílias.

As legislações das diversas nações acabam se interpenetrando ao longo da história do Direito, e as divisões do direito de cada povo, distribuído em sistemas e famílias, se procede mediante a aproximação de leis, usos e costumes, levando-se também em conta fatores históricos, religiosos, raciais, ideológicos, políticos e econômicos, entre outros.

As sociedades politicamente organizadas possuem seu próprio ordenamento jurídico com normas e princípios criados para ter vigência sobre suas respectivas realidades sociais. Entretanto, alguns Estados com mais de um ordenamento jurídico não necessariamente obedecem aos mesmos princípios, a exemplo dos Estados Unidos, onde há um direito federal válido em todo o território do país ao lado de direitos locais existentes nos Estados Federados.

Por seu turno, o Direito Positivo de cada nação se manifesta por meio de normas disciplinando fatos e organizando instituições. Os ordenamentos compõem-se de normas e princípios de Direito. As normas não podem se afastar dos princípios que contribuem para a harmonia e coerência lógica da lei e do ordenamento.

Sistema Jurídico é um agrupamento de ordenamentos unidos por elementos comuns das regras de convívio social e das instituições jurídicas e administrativas semelhantes. Os vários tipos de ordenamento podem ser reduzidos a certos tipos, certos sistemas.

1.5.2. Instituições Jurídicas

Paulo Nader define *instituições jurídicas* como o conjunto de formas estáveis que obedece a regras específicas, com que se organiza e disciplina uma entidade social ou corpo associativo, assegurando-se-lhe funções normais permanentes.

Segundo Gusmão, formam uma *instituição jurídica* as regras de direito quando unificadas, constituindo um todo orgânico destinado a reger uma matéria jurídica vasta, que compreende várias relações jurídicas.

Para Roubier, *instituições jurídicas* seriam o conjunto orgânico que contém a regulamentação de um dado concreto e durável da vida social e que está constituído por um núcleo de regras jurídicas dirigidas para um fim comum.

Os *elementos essenciais das Instituições jurídicas* são: o *fim* a realizar, o *corpo diretor* das atividades indispensáveis à realização e uma *autoridade*.

Na medida em que comparamos o Direito Positivo de cada nação é possível agrupar os diversos ordenamentos jurídicos em sistemas, identificando pontos comuns em relação as fontes, princípios e origem de suas respectivas instituições jurídicas. Assim, por exemplo, examinando a principal fonte formal do direito dos países latinos (a lei), poderíamos concluir que pertencem ao Sistema Romano; ao contrário disso, a Inglaterra e os Estados Unidos estariam fora do Sistema Romano, pois entre os juristas anglo-americanos a principal fonte formal do Direito é a jurisprudência.

1.5.3. Sistemas Jurídicos

Inicialmente poderia parecer impossível um meio de estudo e compreensão da grande variedade de ordenamentos jurídicos espalhados pelo mundo contemporâneo.

René David entende que o meio próprio para compreender os diferentes direitos seria agrupá-los num número restrito de tipos. Para David, também seria melhor empregar a palavra "sistema" tão-só para os estudos dos ramos de determinado direito nacional, deixando a terminologia "famílias jurídicas" para os diversos agrupamentos de direitos. Assim, seria possível a compreensão dos direitos de cada nação através de uma visão geral.

Para proporcionar uma visão geral capaz de facilitar o estudo e compreensão dos sistemas jurídicos diante da diversidade dos direitos nacionais se faz necessário reduzir os vários tipos de ordenamentos do mundo em sistemas e, por conseguinte, acaba-se por agrupar o direito em verdadeiras famílias tomando por base elementos mais estáveis.

As regras dos diversos sistemas jurídicos são infinitamente variadas, mas as técnicas de estudo, classificação e interpretação das normas desses sistemas são em número limitado.

Pelo exposto, *Sistema Jurídico* seria a unificação lógica das normas e dos princípios jurídicos vigentes em um país, obra da ciência do direito; *Instituições Jurídicas* seriam as regras de direito quando unificadas, constituindo um todo orgânico destinado a reger uma matéria jurídica vasta, compreendendo várias relações jurídicas.

O agrupamento dos sistemas também se verifica em certas comunidades não-estatais, sendo possível reunir os diversos corpos de Direito Positivo a partir dos traços comuns, cabendo ao Direito Internacional regular as relações externas.

Os diversos direitos são expressos em diversas línguas, com técnicas próprias, e estão inseridos em diferentes sociedades; contudo, é possível agrupar esses direitos em sistemas (famílias). Cada direito constitui de fato um sistema com vocabulário jurídico próprio, agrupamento de regras em categorias, métodos, técnicas e interpretações próprias, está relacionado a uma concepção de ordem social determinante da função e aplicação do direito.

Entretanto, não se quer dizer com isso que nada aproxime os diferentes corpos de Direito Positivo, que nenhum traço comum entre eles exista, que irrestrita e arbitrária seja a liberdade dos que elaboram e põem em vigor as normas práticas do direito.

René David põe sumariamente em relevo as características essenciais de grupos de direitos em evidência no mundo contemporâneo: as famílias ou sistemas são a romano-germânica; a da *common law*; os sistemas de direitos socialistas e os sistemas filosóficos ou religiosos.

Considerando os diferentes fatores sociais presentes nas diversas culturas, percebe-se que alguns desses fatores podem ser comuns a vários povos. Outros elementos aproximam as leis, usos e costumes das nações pela eventual origem comum ou mesmo fruto do intercâmbio dos homens.

Diante disso, toda sociedade política possui seu próprio ordenamento jurídico. Nele há um conjunto de normas ditadas para ter vigência sobre essa determinada sociedade. Nem sempre, porém, a sociedade política juridicamente ordenada em Estado terá o mesmo ordenamento jurídico.

É possível, ainda, a existência de Estados com mais de um ordenamento jurídico, como é o caso dos cantões da Suíça e dos Estados Federados dos E.U.A, onde existe um direito local, ao lado de um federal.

Ao longo do tempo, as regras de direito podem surgir conforme o arbítrio do legislador; contudo, alguns elementos estão presentes nos diversos direitos dos povos que, por razões históricas, não podem ser modificados. Esses elementos estão ligados à nossa civilização e aos modos de pensar.

A título ilustrativo, René David destaca que a obra de Roscoe Pound, nos Estados Unidos, pôs em evidência a importância desses elementos subjacentes às regras jurídicas que os diversos povos comportam. É sobre a presença desses elementos que se funda o sentimento da continuidade histórica do nosso direito; apesar de todas as modificações que as regras possam sofrer; é também a presença desses elementos que permite considerar o direito uma ciência e torna possível o ensino do direito.

Em relação à opinião de David, acrescentamos ainda a posição de Vicente Rao ressaltando que não existe sistema jurídico que seja uma unidade totalmente distinta, havendo características comuns presentes no *jus positum* de diferentes povos. Quando se afirma que os fatores de ordem racial, ideológica, histórica, religiosa, política, econômica e outros fatores sociais diferenciam os diversos povos, não se quer significar que cada um deles constitua uma unidade totalmente distinta, como que um compartimento estanque, pois certos fatores podem ser comuns a vários povos e neles agir com uma equivalente intensidade; e, de mais a mais, outros elementos concorrem para criar uma aproximação entre as leis, usos e costumes das nações, tais a eventual origem comum, a identidade ou semelhança das respectivas necessidades, permitindo, ou reclamando, por vezes, a mesma solução e a mesma disciplina; e, por fim, além de elementos outros, não há desprezar-se a contribuição do intercâmbio de homens e de interesses, do progresso das ciências e das artes, do desenvolvimento, da civilização.

A disciplina jurídica que se preocupa com a comparação entre o ordenamento jurídico de uma sociedade com outra sociedade denomina-se Direito Comparado.

O estudo da diversidade de ordenamentos jurídicos do mundo contemporâneo não é tarefa impossível se reunirmos os vários ordenamentos existentes no mundo em agrupamentos que seguem, com mais ou menos profundidade, princípios e origens comuns.

Analisando a evolução do direito verifica-se sua posição dentro da História. O desenvolvimento do Direito ocorre por meio de uma constante troca de normas. Assim, o Direito ensinado varia conforme cada época, e os bacharéis formados no passado continuam profissionalmente aptos na medida em que a academia proporcionou os fundamentos indispensáveis para suportarem as mudanças que ocorrem na ciência jurídica.

Independentemente das mudanças no âmbito legislativo, existe um processo contínuo no direito. Portanto, um sistema jurídico é muito mais que simples normas vigentes.

Diferentes regras são editadas e aplicadas nos diversos países, mas seria incorreto limitar o direito simplesmente a um conjunto de normas. Realmente o direito pode concretizar-se numa determinada época e num país determinado, mas o fenômeno jurídico é bem mais complexo.

Sem prejuízo das peculiaridades, os direitos das diferentes nações podem ser historicamente classificados em sistemas ou famílias, por suas linhas gerais, como o romano, o germânico, o anglo-americano, o soviético, o chinês, o hindu, o islâmico e outros.

Capítulo 2

Antigüidade e Idade Média

2.1. O SISTEMA EGÍPCIO E SUAS INSTITUIÇÕES

O direito Egípcio é um sistema subordinado à religião. O Estado egípcio era teocrático e o direito aplicado pelos governantes tinha origem divina. O modo de produção asiático e a existência de diferentes níveis sociais caracterizavam a economia e sociedade egípcia na antigüidade.

A história do Egito tem cerca de quarenta séculos e a evolução do direito conheceu fases ascendentes e descendentes que correspondem às oscilações do poder dos faraós.

Os estudos envolvendo as instituições do Egito são extremamente dificultosos em vista da ausência de textos, leis, editos, atas administrativas, dentre outros – os chamados "documentos da prática".

Conforme Gilissen (2003, p. 53), o conhecimento do direito egípcio é baseado quase exclusivamente nos atos da prática: contratos, testamentos, decisões judiciárias, atos administrativos etc... Os Egípcios quase nada escreveram de livros de direito, nem deixaram compilações de leis ou de costumes. Mas não deixaram de se referir freqüentemente a "leis"; estas leis deviam ser escritas, pois, em período de confusão, foram lançadas à rua, "espezinhadas" e "laceradas". Encontram-se de resto "Instruções" e "Sabedorias", que contêm os elementos da teoria jurídica tendentes a assegurar o respeito das pessoas e dos bens. É constantemente referido o "Maât", que surge como uma noção suprasensível, o modelo de direito não escrito, que não se pode consultar, e que também não é produto de uma revelação divina. "Maât" é o objetivo a perseguir pelos reis, ao sabor das circunstâncias. Tem por essência ser o "equilíbrio"; o ideal, é, por exemplo, "fazer com que as duas partes saiam do tribunal satisfeitas". Como é nesse preceito que reside "a verdadeira justiça", Maât tanto pode ser traduzido por Verdade e Ordem como por Justiça propriamente dita.

Restaram raros papiros e fontes de qualidade inferior como recursos utilizados pelos pesquisadores para os estudos do direito Egípcio. No Egito, ao lado de um direito costumeiro, havia leis de direito material e processual emanadas da vontade do soberano. O rei era a encarnação e a fonte de toda ordem e conhecimento jurídico.

A organização social do Egito vislumbrava um sistema teocrático em que o rei detinha todos os poderes do Estado – administração, religião, justiça e guerra – encarnando as funções de governante, sacerdote, juiz e guerreiro.

A influência da religião nas normas jurídicas era percebida não apenas no Egito como também vinha a ser regra entre os povos da Antigüidade. As penas eram severas e bárbaras aplicadas a crimes como roubo, adultério, homicídio, entre outros. A morte, a redução à escravidão e as mutilações eram penas aplicadas conforme a natureza do delito, obedecendo ao Princípio de Talião ("Olho por olho, dente por dente"). Entre os egípcios, o costume era a maneira tradicional de viver na comunidade, a conduta normal e habitual dos membros daquela sociedade, fortemente influenciada pela religião, que determinava toda organização social egípcia.

Na sociedade egípcia, a casta sacerdotal dividia-se em superior e inferior, segundo o exercício dos ofícios religiosos e o exercício das profissões mais graduadas (altos funcionários, juízes, escribas, médicos, engenheiros, entre outros). Em igual nível de importância estava a casta militar, formando a elite da sociedade egípcia ao lado da casta sacerdotal; logo abaixo, ficavam os agricultores, comerciantes e artesãos.

No Egito, o conteúdo da norma jurídica destacava os aspectos do direto à propriedade, da posse individual-familiar e do direito penal. A codificação egípcia se dá através do *Livro dos Mortos* e dos Papiros de Berlim (2.500 a.C); as obrigações eram assumidas mediante juramento em nome do faraó e era comum que a celebração dos atos jurídicos fosse formalizada em documento duplo; os documentos jurídicos eram compilados em papiros.

A família e o regime matrimonial não são claros no velho direito egípcio: o faraó tinha direito à poligamia, mas existe dúvida em relação aos sacerdotes. Ramsés II (1301 e 1235 a.C.) teria tido inúmeras concubinas, além de suas três esposas legítimas.

Em relação ao registro público, a transmissão do bem se processava mediante um funcionário público, o qual, em livro próprio, anotava os nomes do comprador e do vendedor, a data da realização e o conteúdo do contrato.

A transmissão dos bens de herança podia ser feita pelo pai ainda em vida, facultando-lhe a distribuição do patrimônio entre os herdeiros.

Segundo Gabriel Ardant e Danielle Boneau, citados por Walter Vieira do Nascimento (2003, p. 112), em matéria tributária, na segunda dinastia egípcia, ou seja, há mais de três milênios da Era Cristã, já se adotava uma espécie de recenseamento, realizado de dois em dois anos, visando o levantamento da riqueza para fins de cobrança tributária, servindo esse senso como base para a arrecadação de um imposto territorial que tinha como fonte de contribuição a terra cultivada e incidia sobre a produtividade.

No tocante às Relações Internacionais, havia no Egito um sistema político-administrativo em que certo departamento já se encarregava das relações com Estados estrangeiros. Fala-se, aliás, que no século XV a.C., Amenofis III levou a termo a celebração de tratados intensificando as relações econômicas e políticas entre seu governo e governos de vários Estados, como Babilônia, Assíria, Creta, Rodes, entre outros. Essa política teve continuidade em períodos seguintes. Já por volta de 1272 a.C, no reinado de Ramsés II, foi celebrado um tratado de paz entre hititas e egípcios contendo até disposições sobre aliança contra inimigos comuns, comércio, migrações e extradição.

A autonomia da justiça como ramo independente do Estado, no Egito, tem como marco inicial a instituição de um tribunal composto de trinta e um membros, no Médio Império (2050-1800 a.C.), para julgamento das causas de maior importância. As causas de menor dimensão eram julgadas pelos juízes singulares. Isso foi possível em conseqüência de a administração das cidades e distritos ter passado dos funcionários régios para a nobreza feudal.

A aplicação da Lei era feita por meio de juízes locais, que julgavam em nome do faraó, orientados por um funcionário da corte, que dirigia o julgamento. A tortura era um meio de prova usualmente empregado não só para os acusados como também para as testemunhas.

O processo no Egito orientava-se por juízes singulares, sendo caracterizado por um sistema excessivamente simplificado:

a) as alegações eram produzidas pelas partes que compareciam pessoalmente em juízo;
b) após as alegações podia haver réplica e tréplica;
c) as sentenças declaravam "sim" ou "não"; as decisões do Tribunal eram proferidas após reunião secreta de seus membros.

O rei era considerado juiz supremo, facultando-lhe a possibilidade de avocar para si o julgamento de qualquer questão.

A jurisdição era exercida pelo Faraó, que poderia a seu critério delegar funcionários especializados para decidir questões concretas. Em regra, esse funcionário era o vizir, que também era um sacerdote da deusa *Maât*.

Um funcionário da corte dirigia o julgamento enquanto os juízes locais julgavam em nome do faraó. As penas eram cruéis, e a tortura constituía um meio de prova empregado nos acusados e nas testemunhas.

2.2. ASPECTOS DOS DIREITOS CUNEIFORMES

Denominam-se Direitos Cuneiformes os direitos da maior parte dos povos do Próximo Oriente que se utilizaram da escrita em forma de cunha, denominada cuneiforme.

Apesar da grande diversidade étnica, esses povos desenvolveram civilizações aparentadas, cuja comunidade foi reforçada pela difusão da língua acádica como língua diplomática e culta.

Verifica-se um conjunto de sistemas jurídicos cuneiformes que apresentam uma certa unidade em determinados períodos e regiões. A história dos sistemas jurídicos dos povos do Próximo Oriente, assim como a cronologia histórica dos povos cuneiformes entre os milênios II e III, continua sendo pouco explorada pela doutrina.

As cidades-templos Sumérias apresentavam os vestígios de sociedade estruturada e de organização política já antes do dilúvio descrito na Bíblia – por volta dos séculos XXVI ou XXV a.C. (Gilissen, 2003, p. 60). Eridu, Ur, Lagas, entre outras, eram principados independentes estruturados numa espécie de coletivismo teocrático em que o poder se concentrava nas assembléias de sacerdotes.

Após o dilúvio, a evolução do direito é relativamente rápida. Por volta de 2400 a.C. a tendência para a igualdade jurídica entre os cidadãos já estava delineada no reinado de Urukagina, rei de Lagas.

Nas codificações cuneiformes verifica-se um pequeno número de disposições indicando o caminho aos juízes. Geralmente as disposições cuneiformes desconhecem qualquer sistematização do direito ou doutrina jurídica. As disposições iniciam-se geralmente com a expressão latina "se alguém", situando a formulação a meio caminho entre a disposição geral e o caso concreto. Nítido é o traço individualista nas Leis Antigas de Ur-Nammu e de Hamurabi.

Encontrado em 1953 por Samuel Kramer, o código de Ur-Nammu (2040-2050 a.C., aproximadamente) é apontado por historiadores como o código mais antigo descoberto até hoje. Segundo John Gilissen (2003, p. 61), existem vestígios de textos mais antigos, como o Código de Urakagina, de Lagas, de meados do 3º milênio, ou o de Sulgi, de Ur.

Após o desmembramento do reino de Ur, vários principados fizeram esforços no sentido da redação de regras jurídicas, nomeadamente os de Esnunna (perto de Tigre, na Acádia) e de Isin (perto do Eufrates, na Suméria).

O Código de Esnunna, escrito cerca de 1930 anos antes de Cristo, contém cerca de sessenta artigos. Do Código de Lipit-Istar, rei de Isin (aproximadamente 1880 a.C), encontrou-se o prólogo, o epílogo e 37 artigos; destinava-se a estabelecer o direito nas regiões da Suméria e Acádia.

O Código de Ur- Nammu e outros que lhe sucederam funcionam como uma espécie de compilação de precedentes judiciários.

A estrutura geral do Código de Ur-Nammu é um meio-termo entre o direito fortemente concreto das sociedades arcaicas (formulado para casos concretos em discussão) e as formas abstratas e gerais típicas do direito moderno.

Do texto do Código de Ur-Nammu é possível constatar a existência de homens livres, de escravos e de uma camada intermediária composta de funcionários que serviam aos palácios reais e templos. Vislumbra-se também a importância das penas pecuniárias em substituição à lei de talião (olho por olho, dente por dente):

> *Col. VIII. Um cidadão fraturou um pé ou uma mão a outro cidadão durante uma rixa pelo que pagará 10 siclos de prata. Se um cidadão atingiu outro com uma arma e lhe fraturou um osso, pagará uma mina de prata. Se um cidadão cortou o nariz a outro cidadão com um objeto pesado, pagará dois terços de mina.*

O Código de Esnunna traz um entendimento íntimo entre matérias civil e penal semelhante ao Código de Hamurabi. O documento de Esnunna contém institutos relacionados à responsabilidade civil, ao direito de família e à responsabilidade dos donos de animais por lesões corporais seguidas de morte:

> 56. Se um cão é perigoso, e se as autoridades da Porta preveniram o seu proprietário (e este) não vigia o seu cão, e (o cão) morde um cidadão e causa a sua morte, o proprietário do cão deve pagar dois terços de uma mina de prata.

O dispositivo citado trata da responsabilidade civil do proprietário de animais que, atualmente, está presente em muitas legislações contemporâneas.

A posição da mulher na Babilônia

No sistema babilônico, diferentemente de outros sistemas antigos, a posição da mulher na sociedade já lhe concedia direitos equiparados aos do homem, de modo a lhe ser garantido o pleno exercício de sua capacidade jurídica.

Há quase dois milênios de distância da era Cristã, a mulher casada podia dispor livremente de seus próprios bens, separadamente dos bens do marido. Havia tratamento específico em relação aos bens comuns do casal, que eram administrados pelo marido; contudo, não podiam ser negociados sem a anuência da mulher (outorga uxória), sendo necessária sua participação nas vendas, ao menos como testemunha.

Diversamente das práticas de outros povos, as mulheres na Babilônia também podiam exercer atividades no comércio, na indústria e na agricultura. Podiam também ser escribas, sacerdotisas e profetisas (Grimberg, 1940, p. 215). Tais prerrogativas então conferidas às mulheres na Babilônia eram exercidas tipicamente por homens até mesmo em contextos culturais mais recentes.

A mulher mantinha-se proprietária de seu dote após o casamento e gozava de liberdade na gestão de seus bens. Previa-se a possibilidade de a mulher repudiar o marido, retornando à família de origem e levando de volta o seu patrimônio:

> 142º – Se uma mulher discute com o marido e declara: "tu não tens comércio comigo", deverão ser produzidas as provas do seu prejuízo, se ela é inocente e não há defeito de sua parte e o marido se ausenta e a descura muito, essa mulher não está em culpa, ela deverá tomar o seu donativo e voltar à casa de seu pai.

A mulher que deixasse o lar teria sua conduta legitimada em determinadas situações:

> 134º – Se alguém é feito prisioneiro de guerra e na sua casa não há com que sustentar-se e sua mulher vai a outra casa, essa mulher deverá ser absolvida.

Em alguns casos era permitida a existência de uma segunda esposa, sendo vedado o desamparo da primeira:

> 148º – Se alguém toma uma mulher e esta é colhida pela moléstia, se ele então pensa em tomar uma segunda, não deverá repudiar a

> mulher que foi presa da moléstia, mas deverá conservá-la na casa que ele construiu e sustentá-la enquanto viver.

Assim, a condição da mulher na Babilônia poderia ser considerada bem avançada até mesmo em relação a alguns dos nossos sistemas jurídicos contemporâneos.

Disposições do Código de Hamurabi

Composto de 282 artigos e principal referencial normativo do sistema babilônico, o Código de Hamurabi (conjunto de leis em escrita cuneiforme) constitui a fonte histórica disponível para o estudo da antiga Mesopotâmia; já os traços de organização da sociedade seguem os padrões estabelecidos pelo código de Ur-Nammu. Essa compilação exerceu grande influência nos Direitos Islâmico, Mosaico, Persa e Hindu.

O Código de Hamurabi era uma espécie de coletânea assistemática de julgados ou de hipóteses com decisões, caracterizada principalmente pelo casuísmo. As disposições contidas apresentam um caso concreto, mostrando sua solução no campo jurídico.

No prólogo de sua compilação, Hamurabi justifica que sua ação legisladora deu-se por ordem do deus Marduk, a fim de prevenir a opressão dos fracos e fomentar o bem-estar do povo:

> Quando o alto Anu, Rei de Anunaki e Bel, Senhor da Terra dos Céus, determinador dos destinos do mundo, entregou o governo de toda humanidade a Marduk... quando foi pronunciado o alto nome da Babilônia; quando ele a fez famosa no mundo e nela estabeleceu um duradouro reino cujos alicerces tinham a firmeza do céu e da terra – por esse tempo de Anu e Bel me chamaram, a mim, Hamurabi, o excelso príncipe, o adorador dos deuses, para implantar a justiça na terra, para destruir os maus e o mal, para prevenir a opressão do fraco pelo forte... para iluminar o mundo e propiciar o bem-estar do povo...

O conteúdo normativo deste código contém aspectos religiosos, consuetudinários (aplicação da Lei do Talião, ou seja, o "olho por olho, dente por dente") e jurídicos. Alguns elementos bastante avançados estavam presentes no código de Hamurabi.

Em matéria de adoção, o código de Hamurabi previa algumas disposições específicas, dentre as quais destacamos um dispositivo que previa conseqüências jurídicas do vínculo entre adotante e adotado:

> 191º – Se alguém que tomou e criou um menino como seu filho, põe sua casa e tem filhos e quer renegar o adotado, o filho adotivo não deverá ir-se embora. O pai adotivo lhe deverá dar do próximo patrimônio um terço da sua quota de filho e então ele deverá afastar-se. Do campo, do horto e da casa não deverá dar-lhe nada.

Em matéria de sucessões, verifica-se regra que limitava o poder de dispor sobre o patrimônio:

> 167º – Se alguém toma uma mulher e esta lhe dá filhos, se esta mulher morre e ele depois dela toma uma segunda mulher e esta dá filhos, se depois o pai morre, os filhos não deverão dividir segundo as mães; eles deverão tomar o donativo de suas mães mas dividir os bens paternos ente si.

Nos artigos relacionados ao Direito Comercial, foi estabelecida a necessidade de obrigações escritas.

> 100º – Com os juros do dinheiro na medida da soma recebida, deverá entregar uma obrigação por escrito e pagar o negociante no dia do vencimento.

A necessidade de escrituração dos negócios comerciais, hoje tão comum nos sistemas jurídicos contemporâneos, também estava prevista:

> 104º – Se um negociante confia a um comissionário, para venda, trigo, lã, azeite, ou outras mercadorias, o comissionário deverá fazer uma escritura da importância e reembolsar o negociante. Ele deverá então receber a quitação do dinheiro que dá ao mercador.

Além da proteção ao direito de propriedade dos bens móveis e imóveis, encontra-se ainda uma interessante disposição em relação a *vícios redibitórios* (defeitos) em escravos:

> 278º – Se alguém compra um escravo ou uma escrava e, antes que decorra um mês, eles são feridos do mal benu, ele deverá restituí-los ao vendedor e o comprador receberá em seguida o dinheiro que pagou.

Também havia normas de proteção ao trabalho: o principal fator de produção da sociedade babilônica era a mão-de-obra escrava. admitindo-se em seu direito normas de proteção às atividades obreiras. O regime de escravidão constituía-se em relação aos prisioneiros de guerra e devedores inadimplentes (escravidão por dívida), e o escravo, equiparado a um bem móvel. podia ser objeto de compra e venda, permuta, locação, empréstimo etc.

A Babilônia e sua sociedade

A organização social na Babilônia adotava um critério de *divisão em classes* e não em castas; inexistia impedimento social para a união entre pessoas de nível social diferente, permanecendo essas pessoas a cumprir com as obrigações e desfrutar dos benefícios indicados pela lei.

Na Babilônia concedia-se à classe dos livres todos os direitos, a exemplo do direito de propriedade em geral, o direito ao exercício de ofícios e comércio, além de direitos políticos. Em relação à classe dos subalternos havia restrições, a exemplo da limitação ao direito de propriedade, que só podia ser concedido em relação aos bens móveis. O processo de formação e evolução da classe dos subalternos na Babilônia assemelha-se ao dos patrícios e plebeus em Roma.

Os babilônios estabeleciam preços para as modalidades de trabalho, o que levou alguns autores a considerar o código de Hamurabi um precursor do moderno salário mínimo. Objetivando proteger de possíveis abusos os operários, artesões, trabalhadores rurais, jornaleiros etc., a lei fixava o salário devido a cada uma dessas categorias profissionais. O pagamento era feito em dinheiro ou mercadorias.

Nota-se na Babilônia sinais da existência de um sistema fiscal com base em documentos relacionados à atividade de coletores de impostos.

2.3. O LEGADO DA GRÉCIA

No mundo grego as cidades eram politicamente independentes entre si, mas havia uma certa unidade cultural que tinha por fatores de integração principalmente a língua, a escrita, as manifestações religiosas, os jogos olímpicos e as alianças de defesa recíproca.

O direito da Grécia Antiga era bem diferente daquele do Egito e da Mesopotâmia, não sendo considerado expressão da vontade da divindade da cidade-Estado.

Raras são as fontes escritas do direito grego: as epopéias de Homero; os discursos do fim da época clássica do direito ateniense; os numerosos documentos literários e filosóficos; a Lei de Gortina (longa inscrição descoberta em Creta em 1884) e a Lei de Dura (descoberta em 1922, no Eufrates). Em suas origens, o direito não-escrito era monopolizado pelos aristocratas-juízes.

Não é possível conceber a existência de um direito grego único, tendo em vista que não houve verdadeiramente uma unidade política e jurídica na Grécia Antiga, salvo no período de dominação de Alexandre o Grande.

O direito das cidades gregas não parece ter sido formulado sob a forma de textos legislativos nem de comentários de juristas; antes derivam de uma noção de justiça difusa na consciência coletiva.

A Grécia antiga foi pródiga na formação de cidades-estado independentes entre si, o que constitui um sistema pluralístico explicável pela influência da geografia acidentada daquela região: vales, planícies, cordilheiras, braços de mar e ilhas dispersas que contribuíram para o isolamento das comunidades.

Não havia leis aplicáveis a todos os gregos, mas alguns costumes eram comuns. John Gilissen (2003, p. 73) observa uma multidão de direitos gregos: cada cidade tinha o seu próprio direito, tanto público como privado, cada qual com suas características e evoluções próprias.

Atenas tem sido paradigma de qualquer estudo sobre a Grécia, ao contrário de outras cidades gregas também importantes, como Esparta, Tebas ou Corinto (Souza, 2005, p. 39).

É possível dividir a história da Grécia Antiga em períodos, conforme o seguinte quadro:

a) PERÍODO ARCAICO: Séc. VIII até 480 a.C. Período das invasões Persas, que termina com a batalha de Salamina.
b) PERÍODO CLÁSSICO: De 480 a.C. até 338 a.C. Submissão à Macedônia.
c) PERÍODO HELENÍSTICO: De Alexandre Magno até a conquista romana do Mediterrâneo oriental, em 150 a.C.
d) PERÍODO ROMANO: Fixado a partir da derrota de Marco Antônio e Cleópatra por Augusto.

Com apoio na doutrina de Gilissen (2003, p. 73-75) e Lopes (2002, p. 40-41), dividimos a evolução jurídica da Grécia nas seguintes fases:

a) Civilização Cretense (do séc. XX ao XV a.C.), depois micênica (séc. XVI a XII a.C.)

A civilização cretense, e depois micênica, foi destruída pelos povos dóricos, e as instituições jurídicas são pouco conhecidas nessa fase.

b) Época dos clãs

Na época dos clãs verifica-se uma forte solidariedade entre seus membros. Os clãs eram assentamentos humanos baseados no parentesco real ou fictício. O chefe das comunidades clânicas presidia o culto familiar e era ao mesmo tempo rei, juiz e sacerdote. O clã possui geralmente um nome, mitos e rituais próprios.

c) Formação das cidades

As cidades eram um grupo social instalado num território pouco extenso com um porto e algumas aldeias. Na época de sua formação, as cidades conheceram diferentes formas políticas: a Macedônia permaneceu monocrática; noutras, o comando pertencia à aristocracia ou estava nas mãos de tiranos, muito comuns nas cidades comerciais.

d) Estabelecimento do regime democrático nas cidades

Em algumas cidades estabeleceu-se o regime democrático entre os séculos VIII e VI, sendo o de Atenas mais conhecido. Nessa fase destacamos os seguintes acontecimentos:

I - Com as leis de Drácon, de 621 a.C.:
- Fim da solidariedade familiar.
- Resolução dos conflitos entre os clãs por meio dos tribunais.

II - Com as leis de Sólon, de 594-593 a.C.:
- Estabelecimento da igualdade civil.
- Supressão da propriedade coletiva e servidão por dívidas.
- Limitação do poder paternal: o filho maior de idade torna-se autônomo (em Roma a autoridade paterna só cessava com a constituição de nova família).
- As mulheres continuam sob a tutela de seus pais e maridos, mas com maior liberdade (chegavam a freqüentar escolas).
- O acesso à magistratura (antes determinado pela renda) foi possível aos *thetes* (os mais pobres dos homens livres), que assumiram assento e voz na assembléia legislativa.
- Criação do Tribunal dos Heliastes e respectivos dicastérios, o Conselho dos 500 (limitação do poder do Aerópago, em que predominava a oligarquia mais tradicional). O Aerópago era o mais antigo tribunal de Atenas e, conforme a lenda, havia sido criado pela deusa Atena para o julgamento de Orestes. De início, era um tribunal aristocrático, mas teve posteriormente seu poder esvaziado pelas reformas de Clístenes.
- Regras sobre testamento e adoção.

III - Com as reformas de Clístenes, de 508 a 502, a.C.:
- Ampliação do princípio representativo.
- Divisão territorial em distritos.
- Dividem Atenas entre a Cidade propriamente dita (comerciantes), a Costa (estivadores) e as Planícies Áticas (proprietários rurais).

e) Fase de unificação, por Alexandre o Grande

No fim do século IV a.C., Alexandre o Grande unificou a Grécia, a Ásia anterior e o Egito sob seu comando. O império fundado por Alexandre não conseguiu se manter, sendo sucedido por várias monarquias nas quais o poder passou a ser exercido por reis absolutos a partir do século III. A fórmula que "a vontade do rei é uma lei viva" foi utilizada mais tarde pelos imperadores romanos e monarcas da Europa ocidental.

Na análise histórica da civilização grega merece destaque a realidade de Atenas e Esparta, matrizes da organização da Grécia antiga. Atenas apresentava sua cultura traduzida nas artes, filosofia e política, enquanto Esparta servia como modelo de organização militar, em que a disciplina e a estratégia eram levadas no mais alto grau. Daí a desonra a que ficava sujeito o cidadão espartano, a par da severidade da pena física ao faltar com o cumprimento de bem servir o Estado nos combates contra o inimigo.

Em Esparta os combates com os inimigos do Estado deveriam ser encarados como prioridade pelos cidadãos, e aqueles que descumprissem seus deveres militares estariam sujeitos a penas e desonras. A legislação penal militar espartana chegava a prever punições militares que iam da nota infamante à pena de morte.

Esparta atribuía a redação de suas leis a um estadista lendário, Licurgo, considerado um herói divino, a tal ponto de não ser permitida a modificação dos preceitos que este havia adotado (Matoso, 1944, p. 255).

A tradição de laicização do direito

Para José Reinaldo de Lima Lopes (2002, p. 33), Atenas e Esparta compartilhavam a tradição de laicização do direito. Esparta deixa traços históricos, mas não se converte em modelo ideal que inspire o ocidente, embora com Atenas compartilhe um elemento fundamental de nossa tradição jurídica: a laicização do direito e a idéia de que as leis podem ser revogadas pelos mesmos homens que as fizeram.

Esse processo de laicização veio a ser um aspecto fundamental que inspirou o modelo de civilizações ocidentais, já que os gregos não adotaram o princípio de revelação das leis por meio dos deuses.

Salienta Lopes (2002, p. 39-40) que o debate filosófico em torno da *laicização da lei positiva* foi inovador na experiência grega. A promulgação da lei e sua revogação nada tem de divino; trata-se de assunto humano. Isso não significa que a sociedade grega não fosse religiosa ou até mesmo supersticiosa sob certos aspectos. Tampouco significa que a condução da política fosse feita sem qualquer vinculação com o sagrado. No entanto, o direito já não precisa ser revelado divinamente para valer, nem é preciso invocar a vontade dos deuses para deliberar sobre as leis. Nestes termos é que se pode dizer que o direito se laiciza. Certamente a *impiedade* ainda é crime, o desrespeito aos deuses e à religião da cidade também. Mas o que é particularmente relevante é que entre o direito "dos deuses" e o direito dos "homens" abre-se uma fenda pela qual transitará a cultura clássica. Basta ler *Antígona* de Sófocles para detectar o conflito entre as duas concepções possíveis de direito; as comédias de Aristófanes (*As Nuvens*, por exemplo) ilustram a irreverência que se permitia para com os tribunais e a eloqüência "forense". Os sofistas, seguidos de Platão e Aristóteles, por seu turno, representam uma guinada que coloca no centro do debate a filosofia prática, a política e as leis.

No campo das discussões filosóficas gregas, destacamos a contribuição do trabalho dos sofistas. Os sofistas eram filósofos que vendiam seu conhecimento; cobravam para ensinar as regras do bem-viver em sociedade e participavam de assembléias populares. A partir dos sofistas a filosofia se aproximou das coisas humanas, inaugurando um processo de reflexão metódica sobre a política, a liberdade, a ética e a lei.

John Gilissen (2003, p. 73) observa que, diferentemente dos romanos, os gregos não foram grandes juristas, mas legaram uma contribuição histórica ao pensamento político e filosófico da Antigüidade. O sistema jurídico da Grécia antiga é uma das principais fontes históricas dos direitos da Europa Ocidental.

Os Gregos não foram, no entanto, grandes juristas; não souberam construir uma ciência do direito, nem sequer descrever de maneira sistemática as suas instituições jurídicas; neste domínio, continuaram sobretudo as tradições dos direitos cuneiformes e transmitiram-nas aos Romanos.

A Grécia foi o berço dos mais expressivos pensadores políticos e filosóficos da Antigüidade. Foram os primeiros a elaborar uma ciência política e, na prática, instauraram em algumas das suas cidades regimes políticos que serviram de modelo às civilizações ocidentais.

Atenas foi onde a democracia melhor se desenvolveu e o direito atingiu sua mais perfeita forma quanto a legislação e processo, sendo comum o emprego de direito ateniense e grego como sinônimos.

A colonização foi um dos fenômenos principais do período Arcaico, tendo persistido até o período helenístico. Os gregos se espalharam pelo Mediterrâneo, intensificaram os contatos com os povos bárbaros e estimularam o comércio e a indústria. Dentre as inovações do período arcaico destacam-se o armamento terrestre com os hoplitas, a moeda e o alfabeto.

A hoplitia, uma modalidade de tática militar, retirou da aristocracia grega a hegemonia do poder militar, permitindo o acesso a um maior número de cidadãos.

Na Grécia, o acúmulo de riqueza foi favorecido com o aparecimento da moeda a partir do séc. VII a.C. A aristocracia passou a se enfraquecer com o aparecimento de uma nova classe denominada plutocratas. Posteriormente a escrita permitiu a codificação das leis e sua publicidade, contribuindo para o aperfeiçoamento da participação popular nas instituições democráticas e conseqüente perda do monopólio da justiça por parte dos aristocratas.

Havia diferenças de classes nas cidades gregas: de um lado os proprietários rurais e, de outro, os hoplitas, os artesãos, os agricultores, os homens livres e os miseráveis.

Drácon e Sólon

Em 620 a.C., o legislador Drácon elabora o primeiro código de leis de Atenas, conhecido pela severidade. Drácon introduziu um importante princípio do direito penal: a distinção entre os diversos tipos de homicídio, diferenciando entre homicídio voluntário, homicídio involuntário e o homicídio em legítima defesa. Ao Areópago cabia julgar os homicídios voluntários; os demais tipos de homicídio eram julgados pelo tribunal dos Éfetas.

O legislador Sólon (594-593 a.C.) promoveu reformas institucionais, sociais e econômicas, além de alterar o código de Drácon.

Em relação aos escravos, os domésticos e os que realizavam serviços públicos burocráticos (escriturários etc.) recebiam tratamento quase familiar (Lopes, 2002, p. 34). A observação dos trajes e modos entre escravos e homens livres, revela poucas diferenças. Os trabalhos em minas eram realizados quase que exclusivamente por escravos, e os demais trabalhos poderiam ser executados por escravos ou livres. Os escravos geralmente eram prisioneiros de guerra e de pirataria, não participavam da vida política e não lutavam pela cidade.

Nas relações de família conhecia-se o divórcio recíproco – com igualdade de direitos para homens e mulheres – e o abandono de crianças recém-nascidas.

No mundo grego não existia uma *classe de juristas* nem o ensino do direito enquanto técnica, mas havia escolas de retórica, dialética e filosofia com aplicabilidade na vida forense. Os textos jurídicos eram geralmente estudados de forma poética, e as discussões sobre a justiça ocorriam na cidade. Havia o costume de aprender de cor (recitando em forma poética) alguns textos jurídicos, assim como os poemas de Homero.

Segundo Lopes (2002, p. 34-35), as leis de Sólon eram ensinadas como poemas, de modo que todo ateniense bem educado terminava por conhecer sua tradição político-jurídica comum. A literatura "jurídica" era fonte de instrução e prazer. Em geral no tempo da filosofia socrática sabia-se ler. As técnicas propriamente jurídicas eram próprias do *logógrafo*, o redator de discursos forenses, tais como pedidos, defesas etc. O direito, presumia-se, devia ser aprendido por meio da vivência. As leis deviam fazer parte da educação do cidadão. As discussões sobre a justiça diziam respeito à cidade e se davam entre cidadãos e iguais. As leis *menores* não importavam para discussão pública.

Em Antenas, no período clássico, não havia carreira burocrática nem juristas profissionais. Os cargos públicos não eram especializados e a prática forense caracterizava-se basicamente pela existência de discursos persuasivos, sendo leigos os julgadores.

Platão e Aristóteles

Com o surgimento das cidades, o pensamento filosófico superou a idéia da solidariedade familiar como fundamento principal da vida social, criando um espírito aberto aos de fora das famílias, valorizando mais a vida nas cidades e possibilitando maior amizade entre os cidadãos. Na tragédia *Antígona*, de Sófocles, percebe-se a solidariedade familiar da personagem-título para com seu irmão, em conflito com a lei da cidade, representada por Creonte. A teorização da cidade como centro principal da vida social e política fortaleceu os laços cívicos como idéia posteriormente transmitida ao ocidente pela literatura e filosofia grega.

A preocupação dos Gregos com um governo ideal da cidade acabou por ser sua principal contribuição para a ciência jurídica. Hesíodo, Heródoto, Platão e Aristóteles analisaram as instituições das cidades gregas e propuseram formas ideais de governo.

Na obra *A República*, Platão (428-347 a.C.) descreve uma cidade ideal dividida em três classes: os governantes, os guerreiros e o povo. Na *Política* classifica os tipos de governo em: monarquia, oligarquia e democracia, preferindo o primeiro. Na obra *As Leis*, Platão reduz as formas de governo a duas: monarquia e democracia.

Aristóteles (385-322), discípulo de Platão e de Isócrates, preceptor de Alexandre o Grande, escreveu várias obras influenciando a filosofia e a teoria política da Idade Média.

Segundo Aristóteles, as formas de governo seriam *puras* ou *impuras*. Nas *formas puras* (monarquia, aristocracia, democracia) o objetivo do governo é a satisfação geral do povo. Nas *formas de governo impuras ou deturpadas* (tirania, oligarquia, demagogia), os objetivos visam à satisfação de interesses pessoais. Enquanto a aristocracia é o governo dos melhores, na oligarquia o poder é confiado a um pequeno número de pessoas.

Para Aristóteles uma forma de governo pode ser boa ou má conforme o grupo social a qual se destina. O povo deveria intervir apenas na eleição dos magistrados e para tratar de grandes problemas. A classe média, por possuir mais méritos, deveria estar no comando. Na estrutura do Governo, Aristóteles vislumbrava um poder deliberativo, um poder executivo (para administrar as funções públicas) e um poder judiciário, distinção posteriormente revisitada por Montesquieu, no século XVIII.

Percebe-se também que alguns termos jurídicos modernos utilizados nos sistemas jurídicos são de origem grega: sinalagmático (recíproco), quirografário (escrever à mão), anticrese, enfiteuse, hipoteca, parafernais, entre outros.

Contribuições da Grécia para o Direito

O direito privado de Atenas é o mais conhecido. Permitia-se ao cidadão ampla liberdade nos atos de disposição de sua pessoa e de seus bens. Como exemplos do caráter individualista dessas regras jurídicas acrescentamos: o fim da autoridade paterna com o advento da maioridade (mas em relação às mulheres a tutela persistia); na transmissão da propriedade privada adotava-se um sistema de publicidade próximo ao nosso sistema de escrituração imobiliária; os contratos entre particulares celebravam-se de forma informal e sem muitas solenidades.

Em seu livro *A cidade grega*, Gustave Glotz (1980, p. 191) ressalta outra manifestação do individualismo grego em relação ao direito: não há magistrado que inicie um processo, não há ministério público que sustente a causa da sociedade. Em princípio cabe à pessoa lesada ou a seu representante legal intentar o processo, fazer a citação, tomar a palavra na audiência, sem auxílio de advogado.

Na essência da compreensão do individualismo grego está a noção de que o interesse público não prevalece com tanta intensidade sobre o particular. Para ilustrar essa manifestação, Gustave Glotz (1980) apresenta situações de inércia jurídica quando o juiz poderia agir de ofício (independentemente de provocação da parte interessada) em assunto de interesse público.

Também deveria o Ministério Público defender as causas sempre que houvesse matéria de interesse social. Segundo a doutrina (Nascimento, 2003, p. 130), a origem do Ministério Público (que nos dias atuais é o guardião da sociedade, fiscalizando a aplicação e execução das leis) estaria no Tribunal de Éforos da Grécia espartana. Os Éforos tinham por função contrabalancear o poder real e o poder senatorial ao mesmo tempo que exerciam o *ius acusationes*.

Os gregos deixaram importantes contribuições: regulamentação da propriedade privada; criação de alguns tipos básicos de contrato;

aplicação da eutanásia; noção de Democracia (governo do povo); reflexões sobre o justo e a justiça; conceituações de Direito Natural; criação de figuras jurídicas como o quirografário (cheque, nota promissória), a anticrese (consignação de rendimentos, pagamento de dívidas com frutos de imóvel), a hipoteca (garantia sobre o imóvel) e o sinalagmático (reciprocidade). Os medievais valiam-se da retórica, da dialética e de outras contribuições da filosofia grega para redescobrir os textos dos romanos.

2.4. A IDADE MÉDIA E A RECEPÇÃO DO DIREITO ROMANO

Na Antigüidade, a Península Ibérica foi incorporada ao Império Romano como província depois das últimas guerras púnicas, quando Cartago foi destruída, em 146 a.C.

No fim da Antigüidade (séc. IV), o Império Romano é dividido em Império do Ocidente (Roma) e Império do Oriente ou Bizantino (Constantinopla). O cristianismo – nova religião pregada por Cristo no século I – se impõe no século IV e o Império Romano se torna cristão.

Ao assumir o domínio militar do Mediterrâneo, os muçulmanos bloquearam as vias de acesso ao comércio marítimo, levando os povos ocidentais ao isolamento, com a conseqüente fragmentação do poder político e o fortalecimento do poder local. Como anotado por Burgarelli (2001, p. 29), a insegurança reinante nesse período da Idade Média determinou por primeiro a busca de segurança das classes humildes em torno dos seus senhores, e mais tarde a associação contra seus abusos.

Com a queda do Império Romano, o contexto de perturbações políticas levou as classes humildes a buscar o amparo dos senhores feudais e posteriormente, em virtude dos abusos do sistema feudal, tornou-se necessária a união dessas classes na defesa de interesses comuns.

A Europa medieval sofreu um êxodo rural de grandes proporções; no início do ano 1000 os servos se dedicavam ao artesanato e ao comércio de seus produtos, passando a lutar pelos próprios direitos e por mais independência em relação a seus senhores. Reunindo-se em comunas ou confrarias, esses artesãos, ao discutir a melhoria de suas condições sociais, foram fortalecendo o crescimento da chamada classe burguesa, na qual a idéia de *lealdade ao suserano*, que impregnou o espírito da Europa medieval, foi substituída pela idéia de *lealdade para com a classe*. O termo burguês é proveniente do latim *burgens* que significa *habitante dos burgos ou das comunas*, passando a designar aqueles que habitavam as cidades exigindo respeito e melhores condições de vida.

À margem do Direito Romano desenvolveu-se um sistema jurídico próprio da comunidade dos cristãos denominado Direito Canônico, instalando um *sistema dualista* entre direito laico e direito religioso, mantido até o século XX.

Com efeito, observa-se os Direitos Europeus Medievais e Modernos assim distribuídos:

a) *Início da Idade Média*: Direito Romano que sobrevive no Sudeste como Direito Bizantino; Direito Canônico; Direitos Germânicos; Direitos Eslavos; Direito Celta.
b) *Alta Idade Média (séculos VI a XII)*: Direito Muçulmano, no Sudoeste; Direito Bizantino, no Sudeste; Direito Romano, que sobrevive durante os séculos VI a VIII; Direitos dos povos germânicos tornados sedentários; Direito do Império Carolíngeo (séculos VIII-IX); Direito dos povos eslavos, no Leste; Direito feudal; Direito canônico.
c) *Baixa Idade Média e Tempos Modernos (séculos XII a XVIII)*: Direitos Romanistas; *Common law* inglesa; Direitos Eslavos; Direito Bizantino; Direito Canônico; Direito Muçulmano.
d) *Época Contemporânea (de 1789 aos nossos dias)*: *Common law*; Direitos romanistas; Direitos socialistas de tendência comunista.

Na Alta Idade Média, o chamado Império Carolíngeo refere-se ao domínio de Carlos Magno, sucessivamente rei dos Francos (771 a 814), rei dos Lombardos (a partir de 774) e ainda o primeiro Imperador do Sacro Império Romano (coroado em 25 de Dezembro do ano 800), restaurando assim o antigo Império Romano do Ocidente.

Na Idade Média destacamos alguns acontecimentos importantes com repercussões nos sistemas jurídicos: o declínio do Império

Romano e a ascensão dos invasores germânicos; a gradativa cristianização dos invasores e maior influência da igreja; a convivência entre normas dos povos bárbaros e normas romanas; a presença marcante do Direito Germânico, Canônico e Romano; a formação dos Estados Nacionais e o desenvolvimento da idéia de lealdade entre o monarca e o homem livre.

Com o declínio do Império Romano e a ascensão dos povos germanos, as normas dos povos bárbaros passaram a conviver ao lado das romanas. Os povos bárbaros regiam-se pela pessoalidade das leis, ou seja, o indivíduo era regido pela lei de sua nacionalidade – não se considerava a condição da pessoa como membro do Estado (mesmo porque os bárbaros eram nômades e desconheciam a idéia de territorialidade).

A população romana após a invasão continuou sendo regida pelo sistema jurídico romano. Roma também influiu no sistema legal dos germanos, surgindo compilações de direito germânico escritas em latim. Para os germanos, o direito faria parte da personalidade, portanto, acompanharia os indivíduos. Os juízes germânicos tinham conhecimento das normas e prescrições romanas para aplicá-las aos romanos.

O Sistema Feudal

O Sistema Feudal da Idade Média caracterizava-se pela economia de subsistência e pela existência de relações de servidão, tendo vigorado do séc. X ao XI e XIV.

François Louis Ganshof (s/d, p. 10-11) define o feudalismo como "o conjunto de instituições que criam e regulam obrigações de obediência e serviço – sobretudo militar – da parte de um homem livre chamado vassalo, para com outro homem livre, chamado senhor, e obrigações de proteção e sustento da parte do senhor para com o vassalo; a obrigação de sustento tem como efeito, na maior parte dos casos, a concessão de um feudo".

O desenvolvimento do feudalismo não seguiu a mesma evolução cronológica em todos os países. O feudo seria uma espécie de contrato envolvendo um direito sobre a propriedade territorial que seria formalizado por meio de uma solenidade denominada *homenagem*, em que o vassalo jurava ao senhor fidelidade em troca da proteção e justiça a ser distribuída pelo senhor feudal. O vassalo tinha a proteção do senhor feudal, podia cultivar a terra, mas não era proprietário do solo. O comércio era dificultado pelo fato de os feudos terem moedas e leis próprias.

O princípio da territorialidade das leis estava presente em cada feudo, onde se determinava a legislação aplicável a todos os casos ali acontecidos e a todas as pessoas que ali estivessem. Esse direito particular permitia ao nobre cobrar tributos, exigir obediência e distribuir a justiça.

Aspectos da sociedade medieval

Walter Vieira do Nascimento (2003, p. 138) resume as características determinantes da sociedade feudal: laços de dependência entre o vassalo e o senhor feudal, parcelamento do direito de propriedade, hierarquia dos direitos sobre a terra e laços de dependência pessoal e parcelamento do poder público (instâncias autônomas).

A sociedade feudal encontrava-se dividida em classes diferenciadas por hierarquia, poder e riqueza, mas com traços comuns, a *classe dos nobres*, cujas condições se afirmavam pelo nascimento, era oriunda de famílias senhoriais, isto é, proprietárias de terras ou feudos. Mas nem todos os nobres eram grandes proprietários e, por conseguinte, senhores. De modo que a classe em causa compreendia: grandes feudatários (duques, condes, marqueses, viscondes), grandes proprietários (barões ou sires), cavaleiros (feudos de pequenas dimensões) e nobres pobres ou pequenos proprietários (escudeiros de algum senhor poderoso). A *classe dos não-nobres* compreendia lavradores e servos, nos campos; comerciantes, industriais, profissionais, artesãos e trabalhadores domésticos, nas cidades. Na Alta Idade Média, os *não-nobres* eram designados pelo nome comum de *vilões*.

As relações jurídicas decorrentes das relações servis eram dirimidas por um conselho formado pelo senhor e seus vassalos. A instância recursal era representada pela autoridade central (senhor superior) a que os feudos estavam vinculados. Assim, por exemplo, se um Conde recebia a senhoria de um rei, da sentença do conde cabia apelação para o rei. Nos Feudos franceses havia a figura do Parlement – espécie de árbitro final – no séc. XIII.

Os princípios do direito costumeiro medieval são buscados principalmente nas particularidades dos institutos medievais (feudalismo, regime senhorial, regime dominial, desenvolvimento das cidades comerciais etc.).

A sociedade medieval é uma sociedade de ordens e estamentos. Seu direito é um direito de ordens: os homens dividem-se em *oratores, bellatores, laboratores,* isto é, aqueles que oram (clérigos), aqueles que lutam (cavaleiros e senhores) e aqueles que trabalham (servos). É uma concepção organicista que justifica uma divisão de trabalho determinada historicamente desde o fim da Antigüidade clássica. O sistema feudal, lembremos, conviverá com um sistema corporativo que surgirá nas comunas e cidades livres e aos poucos se imporá também nas relações entre nobreza e realeza.

As principais instituições do feudalismo são a vassalagem e o feudo. Vassalo é um homem livre que se compromete por um juramento pelo qual se submete ao poder de um senhor em troca de proteção e manutenção. O contrato vassálico – também denominado homenagem – proporcionava ao senhor uma força armada composta por cavaleiros.

Em narrativa encontrada em Gilissen (2003), sobre a celebração de um contrato vassálico, inicialmente o senhor perguntava ao futuro vassalo se ele queria tornar-se seu homem, e este, sem reserva, responderia: “Quero”; depois, com as suas mãos apertadas na do senhor, aliavam-se com um beijo. Em seguida, aquele que tinha prestado homenagem comprometia a sua fé nestes termos: “Prometo por minha fé ser, a partir deste instante, fiel a (pronunciava o nome do Senhor) e de lhe guardar contra todos, e inteiramente, a minha homenagem, de boa-fé e sem embustes”; e finalmente, jurava sobre as relíquias dos santos.

Nota-se que o feudo era uma concessão gratuita do uso de terras de um senhor a seu vassalo, a qual proporcionava a este sua manutenção legítima e lhe dava condições para fornecer ao senhor ajuda militar.

A Idade Média não reconhecia o primado da vontade individual; esta não era então respeitável senão nos limites da fé, da moral e do bem comum (Gilissen, 2003, p. 737). Os interesses da comunidade familiar, religiosa ou econômica ultrapassavam os dos indivíduos que a compunham.

Com a queda do feudalismo, quebrou-se a autoridade da Igreja. Com a laicização do direito, ocorreu a unificação do poder político (formulação da soberania) e consagrou-se a garantia de liberdade individual (pacto constitucional).

No século XV toda a Europa estava constituída em Estados: a oeste, Portugal, Castela e Aragão (Espanha), França, Inglaterra e Escócia; ao norte europeu, a Dinamarca, a Suécia e Noruega; no leste, Hungria, Boêmia e Polônia e, ao centro, os Reinos das Duas Sicílias (Itália).

2.5. O DESTINO DO DIREITO OCIDENTAL NO PERÍODO MEDIEVAL

No período medieval, o destino do direito ocidental foi profundamente influenciado pelo estudo do *Corpus Juris Civilis*, organizado por Justiniano (imperador romano do Oriente), no século VI. A partir da queda de Roma (quando o bárbaro Odoacro, em 476 d.C., assumiu o poder) surgiram as leis bárbaras escritas em latim, impregnadas do direito antes em vigor na Península.

As compilações romanas, consideradas complicadas demais ou muito eruditas, são substituídas por textos mais simples, adaptados à Alta Idade Média. O direito que hoje entendemos como Direito Positivo, isto é, direito vigente, era na época muito complicado e esparso, de aspecto caótico. Ao lado desse direito local, confuso e complicado, tinham os professores e estudiosos, diante de si, um direito milenar preordenado e compilado, o Direito Romano. O *Corpus Juris* de Justiniano expunha seus pensamentos em latim, língua que a Igreja tratara de conservar acessível às pessoas cultas. O Direito Canônico, por seu lado, encarregara-se de manter vivas muitas das instituições de origem romana.

A retomada do estudo do Direito Romano deu-se com o monge Irnério, professor de gramática e dialética, que, após encontrar partes dos manuscritos do Digesto em uma biblioteca em Pisa, funda, no século XII, a Escola dos Glosadores, em Bolonha (Itália), com intuito de reorganizar o Direito para aplicá-lo na prática. O Direito Romano era estudado por meio de glosas, ou seja, de anotações à margem do texto encontrado.

Em seu estudo, Irnério procurava atualizar o texto romano, adaptando-o ao direito consuetudinário e ao canônico vigentes. Foi assessorado por estudiosos como Acúrsio, autor da Magna Glosa. A divulgação desse estudo propagou-se pela Europa (Paris, Oxford, Montpellier, Valência, Salamanca, Lisboa e Coimbra) e o Direito Romano converteu-se em direito comum.

Búlgarus, Martinus, Hugo e Jacobus assessoraram Irnério na compilação do Direito Romano de Justiniano, preocupando-se com sua interpretação literal. Desse trabalho surgiram as "glosas": *Glosa Ordinária ou Glosa Magna* e *Corpus Juris*, compilação de glosas, isto é, explicações (notas) breves e comentários dos textos dos romanistas da época, feitos nos rodapés dos manuscritos. Tais glosas influíram no direito, pois os estatutos das cidades italianas foram redigidos principalmente pelos graduados de Bolonha, que conciliaram as interpretações do direito romano de seus mestres com os direitos locais. A aceitação desse direito romano foi facilitada pelo desenvolvimento do comércio, que requeria técnica jurídica refinada, exigência que os direitos locais não podiam atender. Tal atividade utilizou-se mais das interpretações dos pós-glosadores ou comentaristas, iniciada no século XII, com Acúrsio e ampliada por Bártolo, Cino de Pistóia e Révigni, fundadores da Escola dos Dialéticos.

Os comentaristas adaptaram o direito romano às necessidades da época, conciliando-o com os direitos locais. No caso de dúvida ou de questão complexa, era uso medieval solicitar parecer das universidades cujos professores eram romanistas. Na Alemanha, o Direito Romano era exclusivamente fonte subsidiária; na falta de leis ou de costume, a ele devia-se recorrer. Mas, com o tempo, a perfeição técnica do direito romano foi se impondo sobre o direito local, consuetudinário e fragmentário, passando a ser esse direito, até 1900, o direito comum.

Gradativamente Bolonha atraía a atenção dos estudiosos do direito na Europa. Nos séculos XII e XIII a Escola dos Pós-glosadores teceu longos comentários em relação ao *Corpus Juris Civilis*, possibilitando que o Direito Romano fosse a base do Direito Privado moderno e a influência da Escola de Bolonha fosse percebida nas linhas do Direito Moderno, através do aparecimento dos Códigos Civis.

Na evolução dos estudos do direito ressalta-se o espírito imperativo do Direito Romano como idéia fundamental que despertou o interesse de seus estudos nas universidades e através dos séculos. O Direito Romano impôs-se também na época de sua aplicação, por ter regido um povo, bem como os povos conquistados. Essa idéia foi fundamental para o renascimento de seus estudos nas universidades e para o alcance desses estudos através dos séculos. Por influência dos glosadores e de seu trabalho na Universidade de Bolonha, foram criadas novas escolas dentro dos mesmos princípios. No século XIII, por exemplo, surgiram na Espanha as Universidades de Valência e Salamanca. A famosa legislação das "Sete Partidas", direito local espanhol, de Afonso X, acusa forte influência romanística. Na França, surgiu sob o mesmo aspecto, no século XII, a Escola de Montpelier, assim como, em época próxima, a Escola Jurídica de Orleans. Enfim, toda a Europa foi influenciada notavelmente pelo trabalho de Bolonha.

Com efeito, na Baixa Idade Média, após a conquista da Inglaterra pelos normandos (em 1066), a civilização européia refloresceu, verificando-se um renascimento da literatura jurídica pelos fins do século XI (1080). A escola de direito propriamente dita começou em Bolonha e fez ali a união entre o direito de Justiniano e a ferramenta intelectual da filosofia grega.

O esforço medieval não se limitou simplesmente a aproveitar o evangelho jurídico de Roma, pois modificou-o para adaptá-lo às novas condições que passou a reger. O direito romano na Idade Média difere do antigo direito histórico de Roma: é a recepção do Direito Romano que sofreu adaptação ao mundo medieval.

Os professores da Baixa Idade Média interpretavam os textos romanos influenciados pela filosofia cristã e pelas instituições da Baixa Idade Média. O sistema jurídico que assim elaboravam era um direito teórico e erudito afastado das realidades locais da época, mas que apresentava muitas vantagens em relação à multiplicidade de direitos locais.

O Direito Romano estudado na Europa proporcionava mais segurança jurídica por ser um direito escrito, era comum a todos os mestres e muito mais completo que os diversos direitos locais existentes, compreendendo numerosas instituições que a sociedade feudal desconhecia e chegando a funcionar como fonte supletiva das leis e costumes locais; era mais evoluído e útil ao progresso econômico e social, em relação às instituições tradicionais da Idade Média.

O renascimento dos estudos de Direito Romano restaurou na Europa o sentimento da importância do direito para assegurar a ordem e permitir o progresso da sociedade. Este sentimento havia se perdido após a decadência do Império Romano e também devido à menor importância atribuída ao direito no Extremo Oriente, onde aqueles povos buscavam as soluções pacíficas de conciliação e eqüidade.

A função do direito como mecanismo de controle social passou a ser valorizada nas universidades. Independentemente da forma de recepção do direito romano, o renascimento dos seus estudos vislumbrava no Direito o fundamento primeiro da ordem civil.

O *Corpus Juris Civilis* e o Direito Romano

Na Europa medieval, o *Corpus Juris Civilis* era um direito independente do Direito Canônico. Dividia-se em *Digesto* (continha textos das obras dos jurisconsultos romanos, totalizando cinqüenta livros subdivididos em títulos), *Institutas* (manual destinado à transmissão do conhecimento do Direito aos principiantes, contendo um plano de distribuição de assuntos que influenciou os modernos códigos civis), Código de Justiniano (reunindo as Constituições – providências legislativas dos imperadores) e *Novelas* (contendo as constituições de Justiniano, de 535 a 564).

O grau de romanização variou de país para país, sendo maior na Itália, nos países ibéricos, na Alemanha e nas regiões belgo-holandesas. Em Portugal, a Lei da Boa Razão, de 1769, consagrou a penetração do Direito Romano naquele país e entre nós, determinando ao juiz aplicá-lo em caso de lacuna no direito local.

Com efeito, a evolução dos estudos do direito romano na Europa marca o nascimento do sistema romano-germânico, que iria influenciar a legislação de várias nações ocidentais. Verifica-se nos projetos e codificações mais recentes da ordem civil a estrutura desse sistema recepcionado nos textos legislativos através de vários pontos de contato, manifestados nas classificações, conceitos, modos de argumentação, terminologias e instituições jurídicas.

Capítulo 3

O SISTEMA ROMANO

3.1. A NORMATIZAÇÃO NA ROMA ANTIGA

Segundo os historiadores, a fundação de Roma resultou da fusão de três povos que habitavam a península itálica: gregos, etruscos e italiotas, os quais desenvolveram na região uma economia baseada na agricultura e nas atividades pastoris. A sociedade romana dessa época era formada por patrícios (nobres proprietários de terras) e plebeus (comerciantes, artesãos e pequenos proprietários), e a cidade era governada por um rei de origem patrícia. A religião era então politeísta, adotando deuses semelhantes aos dos gregos, porém com nomes diferentes.

Berço da cultura jurídica ocidental, nos primeiros tempos de Roma a atmosfera mística influenciou bastante sua cultura jurídica, até começar a desaparecer com o surgimento dos jurisconsultos laicos, na época da República.

Os negócios e decisões jurídicas na esfera pública ou particular deveriam ser antecedidos de uma consulta aos auspícios (vontade dos deuses). Buscando descobrir a vontade dos deuses, as entranhas dos animais, o vôo ou pio das aves, dentre outros sortilégios, eram estudados pelos sacerdotes que, de certa forma, podem ser considerados verdadeiramente os primeiros interpretadores do direito. Não se realizavam atos jurídicos em determinados dias, considerados nefastos pela vontade dos sacerdotes.

No período republicano, o senado romano aumentou gradativamente seu poder político, e os senadores patrícios cuidavam das finanças públicas, da administração e da política externa. As atividades executivas eram exercidas pelos cônsules e pelos tribunos da plebe (que surgiram como resultado da luta dos plebeus por uma maior participação política e melhores condições de vida).

Em 367 a.C, foi aprovada a Lei Licínia, garantindo a participação dos plebeus no Consulado (dois cônsules eram eleitos: um patrício e um plebeu). Essa lei também acabou com a escravidão por dívidas (válida somente para cidadãos romanos).

Na sociedade romana as normas derivavam do costume, mas, no avançar do império romano, intensificou-se um processo de normatização oriunda do Estado (leis, éditos dos magistrados, jurisprudências, constituições imperiais, *senatos-consultos* e plebiscitos).

O Direito Romano pode ser definido como o complexo de normas vigentes em Roma, desde a sua fundação (lendária, no século VIII a.C.) até a codificação de Justiniano (século VI d.C.).

Luiz Antonio Rolim (2000, p. 130) sintetiza que o *jus* era criado pelo homem e o *fas* era o direito ditado pelos deuses; contudo, em sua fase primitiva, a sociedade romana não diferenciava o direito divino do direito humano.

Os romanos empregavam o termo *jus* para definir tudo aquilo que estivesse em conformidade com a lei. Os homens sempre tiveram preceitos éticos, morais, religiosos e jurídicos a lhes disciplinar a vida em sociedade. Os romanos certamente não fugiram a essa regra universal e traduziram o conjunto dessas normas reguladoras da vida em sociedade pela palavra *jus* (o que é reto, o que é conforme a linha reta, o que é ordenado, consagrado).

Com a secularização, os conceitos de *jus* e *fas* passaram a ter traços característicos distintos. Lembramos que a categoria secularização é utilizada, sem restrições, para definir o processo pelo qual a sociedade produziu uma laicização e um rompimento entre a cultura eclesiástica e as doutrinas filosóficas e demais instituições jurídico-políticas a partir do século XV.

O antigo Direito Romano é a base principal dos atuais sistemas jurídicos desenvolvidos na cultura jurídica ocidental, especialmente nos países latinos. Nos sistemas influenciados pelo Direito Romano a fonte preeminente de aplicação do Direito é a lei, possibilitando ordenamentos de base legalista que deixam em segundo plano os costumes e a jurisprudência.

Além dos países latinos, a *Common Law* sofreu a influência da ordem romana através dos tribunais de chancelaria que geraram as regras da *equity*. Até os direitos socialistas chegaram a incorporar a normatização codificada e constitucionalizada do sistema romano.

A idéia do Direito Natural

Nos textos dos antigos jurisconsultos romanos encontramos a idéia do Direito Natural que se encontra muitas vezes positivada nos ordenamentos jurídicos contemporâneos. No Digesto de Justiniano (D 1.1.1.3) localizamos uma definição do Direito Natural:

> O Direito Natural é o que a natureza ensinou a todos os animais. Pois este direito não é próprio do gênero humano, mas de todos os animais que nascem na terra ou no mar, comum também das aves. Daí deriva a união do macho e da fêmea, a qual denominamos matrimônio; daí a procriação dos filhos, daí a educação. Percebemos, pois, que também os outros animais, mesmo as feras, são guiados pela experiência desse direito.

O Direito Natural, no pensamento romanista, pode ser concebido como um conjunto de grandes princípios, que seriam eternos, imutáveis e universais na orientação dos ideais de justiça, em sintonia com alguns direitos ínsitos à natureza humana, inspirando os legisladores contemporâneos na elaboração de leis justas. Seriam, por exemplo, preceitos que asseguram o direito à vida, à liberdade, à procriação etc.

Cícero definiu o Direito Natural como uma "lei verdadeira, segundo a natureza, espalhada entre todos os homens, constante e eterna". Ilustrando a definição de Cícero, acrescentamos a colocação de Paulo Nader (1994, p. 406-407) ao ressaltar que o raciocínio que nos conduz à idéia do Direito Natural parte do pressuposto que todo ser é dotado de uma natureza e de um fim. A natureza, ou seja, as propriedades que compõem o ser, define o fim que este tende a realizar. Para que as potências ativas do homem se transformem em ato e com isto ele se desenvolva com inteligência, seu papel na ordem geral das coisas, é indispensável que a sociedade se organize com mecanismos de proteção à natureza humana. Esta se revela, assim, como a grande condicionante do Direito Positivo. O adjetivo natural, agregado à palavra direito, indica que a ordem de princípios não é criada pelo homem, antes expressa algo espontâneo, revelado pela própria natureza. A presente colocação decorre da simples observação de fatos concretos que envolvem o homem e não de meras abstrações ou dogmatismos.

Para os juristas romanos, o Direito Natural seria constituído de regras da natureza, comuns aos seres vivos, relativas ao matrimônio, procriação e educação dos filhos. Mais tarde, para os racionalistas da Escola do Direito Natural (séculos XVI e XVII), o Direito Natural seria um conjunto de princípios revelados pela razão humana.

As leis elaboradas em Roma, o *Jus Civile*, o Direito Pretoriano e o *Jus Gentium*

O chamado *Jus Civile* (Direito Civil) era a modalidade de direito vigente, mesclando o direito divino e humano, não escrito. Constituído de regras costumeiras e de raros textos legais emanados do governo romano, só era aplicado aos cidadãos romanos, sendo um direito específico da classe patrícia, daí denominado direito quiritário (*quirite* significa cidadão romano).

O Direito Pretoriano surgiu a partir de 367 a.C., quando a justiça passou aos pretores (espécie de magistrado dos romanos), que amenizavam a rigidez do *jus civile.*

O *Jus Gentium* (Direito das Gentes) disciplinava as relações entre os romanos e os povos conquistados, sendo aplicado aos não-romanos. O chamado direito internacional teve origens históricas no *Jus Gentium.*

As instituições romanas contribuíram para a tradicional divisão entre Direito Público e Privado. O primeiro diz respeito aos interesses do Estado (por exemplo, Direito Penal, Direito Constitucional...); o segundo, aos interesses dos particulares (Direito civil, Direito Comercial...).

Nos primórdios de Roma os magistrados patrícios decidiam as lides segundo tradições que apenas eles conheciam e aplicavam. A incerteza na aplicação do direito, por parte dos magistrados patrícios, levou a plebe a pleitear a elaboração de leis escritas.

As leis elaboradas na Roma antiga originaram inúmeras instituições até hoje visíveis nos sistemas jurídicos contemporâneos, principalmente aquelas concernentes ao direito da propriedade (uma das instituições mais duradouras e controversas da civilização humana) no seu prisma civilista e ao direito das obrigações (os romanos substituíram as responsabilidades pessoal e corporal dos devedores pela responsabilidade patrimonial). Os conceitos de pessoa jurídica e responsabilidade patrimonial também são pontos relevantes no espírito do Direito Romano.

O conjunto de normas que compõem o Direito Romano incorpora postulados formalistas que foram absorvidos pelo direito ocidental, assumindo o caráter dedutivo que lhe é característico. Costuma ser dividido sem uniformidade pela doutrina em fases ou períodos.

Expansão e decadência do Império Romano

O processo de expansão do Império Romano ocorreu após os romanos dominarem toda a península itálica, partindo, posteriormente, para conquistas de outros territórios. Os avanços ocorriam com um exército bem aparelhado e, após dominar Cartago nas Guerras Púnicas (século III a.C), os Romanos garantiram sua expansão no Mar Mediterrâneo e ampliaram suas conquistas, dominando a Grécia, o Egito, a Macedônia, a Gália, a Germânia, a Trácia, a Síria e a Palestina.

Em decorrência da expansão, a sociedade romana passou por significativas mudanças. O império romano tornou-se muito mais comercial do que agrário. Os povos dominados foram escravizados ou passaram a pagar impostos para o império. As províncias (regiões controladas por Roma) renderam grandes recursos para Roma. A capital do Império Romano enriqueceu, e a vida dos romanos mudou.

A expansão do império romano gerou o crescimento urbano, acentuando os problemas sociais em Roma. A escravidão provocou muito desemprego na zona rural entre os camponeses, e essa massa de desempregados migrou para as cidades romanas em busca de melhores condições de vida. Como tentativa de atenuar as tensões sociais, o império romano criou a política do Pão e Circo que consistia em proporcionar à população alimentação e diversão. Quase que diariamente promoviam-se lutas de gladiadores nos estádios (o mais famoso foi o Coliseu de Roma), onde eram distribuídos alimentos. Desta forma, a população carente acabava esquecendo os problemas da vida, diminuindo as chances de revolta.

Com o fim das conquistas territoriais, a diminuição da mão-de-obra escrava também provocou uma queda na produção agrícola e, conseqüentemente, uma queda na receita tributária. Por volta do século III, o império romano enfrentava uma grande crise em que a corrupção e o descontrole das finanças públicas subtraíam recursos para a manutenção do exército. Com o exército enfraquecido, as fronteiras ficavam desprotegidas.

Os povos germânicos, tratados como bárbaros pelos romanos, penetraram pelas fronteiras do norte do império. No ano de 395, o imperador Teodósio resolveu dividir o império em Império Romano do Ocidente, com capital em Roma, e Império Romano do Oriente (Império Bizantino), com capital em Constantinopla. Em 476, chegava ao fim o Império Romano do Ocidente, após a invasão de diversos povos bárbaros, entre eles, visigodos, vândalos, burgúndios, suevos, saxões, ostrogodos, hunos etc. Era o fim da Antiguidade e o início da Idade Média.

Fases do desenvolvimento do Direito Romano

Antônio Filardi Luiz (1999, p. 23) cita algumas formas de classificação utilizadas para a demarcação das fases de desenvolvimento do Direito Romano adotadas por autores internacionais. Girard divide o Direito Romano em cinco períodos: Realeza (753 a.C. a 540 a.C), República (510 a.C.), Alto Império (27 a.C. a 284 d.C.), Baixo Império (254 a 565 d.C.) e Bizâncio (565 a 1453 d.C.). Biondi faz a divisão em Direito Arcaico ou Quiritário (das origens até o séc. V a.C.), Direito Republicano (até fins da República), Direito Clássico (até metade do século II d.C.), Direito Pós-clássico (até Justiniano) e Direito Justinianeu (por força do *Corpus Juris Civilis*). Gaston May aponta os períodos do *Jus Civile* e *Jus Gentium*, e Leibniz faz a divisão em História Interna e História Externa, esclarecido que a primeira vem a ser o estudo de cada instituto jurídico (usufruto, propriedade etc.) e a última é a consideração dos institutos em bloco.

Uma divisão do Direito Romano a partir de sua evolução interna encontra-se em Marki (1995, p. 5-6): Período Arcaico (da fundação de Roma no século VIII a.C. até o século II a.C.), Período Clássico (até o século III d.C.) e Período Pós-clássico (até o século VI d.C.).

A divisão de Luiz Antonio Rolim (2000, p. 26), à qual nos filiamos, considera as mudanças na organização política do Estado Romano: Período do Direito Romano Arcaico (Época da Realeza, de 753 a 510 a.C); Período do Direito Romano Pré-clássico (Época da República, de 510 a 27 a.C.) e Período do Direito Romano Clássico (incluindo a Época do Principado, de 27 a 284 d.C; e a Época do Dominato, de 284 a 565 d.C).

O Período do Direito Justinianeu ou Direito Bizantino (de 565 a 1453 d.C., de Justiniano até a queda de Constantinopla) é considerado o ponto final desses períodos. Justiniano introduziu algumas modificações na legislação de Roma mediante Constituições imperiais.

3.2. ÉPOCA DA REALEZA (DE 753 A 510 A.C)

A ausência de textos escritos dificulta uma reprodução segura dos fatos históricos na Época da Realeza, mas é possível uma explicação sobrenatural sobre a fundação de Roma e seus protagonistas, transmitida pela tradição literária. Conta a lenda que, em meados do ano 1184 a.C, Enéias, filho da deusa Vênus e de Anquises, último rei de Tróia, se estabeleceu na região do Lácio, instaurando um regime monárquico. Um de seus descendentes, o rei Numitor, teve uma filha, Réia Sílvia, que se casou com o deus Marte, tendo com ele dois filhos: Rômulo e Remo. Por intrigas de Amúlio, um tio-avô usurpador da coroa, ambos foram abandonados nas águas do rio Tibre e recolhidos por uma loba, que, carregando-os para uma gruta conhecida como *lupecal*, situada no monte Palatino, amamentou-os durante um certo período. Algum tempo depois, um casal de pastores, Faustulus e Aça

Larentia, encontrou as duas crianças e passou a criá-las como filhos, até a adolescência. Os gêmeos, então fortes e vigorosos, foram à procura de Amúlio, o rei usurpador, mataram-no e devolveram a coroa ao avô Numitor. Este, em gratidão, os recompensou com terras no Monte Palatino, onde Rômulo fundou Roma.

Ainda conforme a lenda, uma provocação de Remo em relação à vulnerabilidade na construção de um muro para proteção da cidade despertou a ira de Rômulo, que matou o irmão. Com a morte do irmão, Rômulo tornou-se o primeiro rei de Roma. No poder, passou a conquistar gradativamente as áreas vizinhas e teria promovido o episódio chamado *Rapto das Sabinas* (que habitavam as proximidades) para suprir a falta de mulheres na comunidade. Depois de um certo tempo, Rômulo teria desaparecido transformando-se no deus Quirites, que protegia todos os romanos.

Moreira Alves (2002, p. 7), não desconsidera o caráter lendário da época da Realeza, mas advoga pela sua existência concreta ressaltando as influências do povo etrusco nos primórdios da história de Roma. As origens de Roma são lendárias. Mesmo os sete reis de Roma, Rômulo; Numa Pompílio; Tulo Hostílio; Anco Márcio; Tarquínio, o Prisco; Sérvio Túlio; e Tarquínio, o Soberbo, não foram personagens históricas. Mas em toda lenda há sempre um fundo de verdade. O fato de os três últimos serem de origem etrusca demonstra a existência de uma fase, nos primórdios de Roma, em que esta foi subjugada pelos etruscos, misterioso povo localizado ao norte de Roma, e sobre o qual muito pouco sabemos, pois até hoje sua língua é para nós um enigma. O certo, porém, é que os etruscos – nação altamente civilizada para a época – exerceram grande influência sobre os primitivos povos romanos.

Prevalece na doutrina o entendimento de que os povos etruscos, de origem asiática, não tiveram participação direta na fundação de Roma (que seria fundada pelas próprias populações do Lácio), verificando-se o emprego de denominações originalmente latinas nas instituições romanas mais antigas (*rex, tribus, magister, curia*).

Nessa linha de pensamento Sílvio Venosa (2007, p. 30) ressalta que a *Roma real* parece ter sido, a princípio, um aglomerado modesto de trabalhadores do campo, reunidos no Lácio, distante alguns quilômetros da embocadura do rio Tibre, em um território de extensão e fertilidade medíocres. Desde o princípio, porém, a cidade parece ter apresentado um sentido de unidade e uma fisionomia que hoje podemos chamar de latina.

Pastores oriundos da região do Danúbio teriam se estabelecido na península itálica, numa área entre sete colinas, compondo uma pequena população latina que passou a conviver com os antigos habitantes da região, dentre os quais os sabinos. Inicialmente edificaram suas moradias isolados de seus vizinhos no topo de uma das colinas: ao norte estavam os etruscos e ao sul, na denominada Magna Grécia, encontrava-se uma aldeia grega.

Os latinos, sabinos e outras aldeias teriam se unido para fins religiosos, comerciais e de defesa contra ameaças de invasão. Nesse período Roma foi governada por dois reis de origem latina (Rômulo e Numa Pompílio) e dois de origem sabina (Túlio Hostílio e Anco Márcio). A dinastia etrusca iniciou-se com Tarquínio Prisco (616 a 579 a.C), sucedendo-lhe Sérvio Tulio (578 a 535 a.C.) e Tarquínio, o Soberbo (534 a 510 a.C).

Moreira Alves (2002, p. 9) acrescenta comprovações da existência da Época da Realeza em registros, instituições e rituais na fase da República que só se explicariam com a preexistência de um período régio.

Na *época régia* a sociedade era agrícola, inserida num regime familiar de modelo patriarcal (chefiado por um *pater familias*), vivendo em função do cultivo de terras e criação de animais. Originalmente esse *pater familias* era sempre o ascendente masculino mais antigo e que, enquanto vivesse, teria poderes em relação ao trabalho familiar, escravos, mulher e filhos. Restava pouca função judicial ao rei diante do poder do *pater*:

> O *pater familias* é o juiz, se não em matéria privada, em que até então não se distinguiam direitos entre as pessoas sob sua guarda, mas em matéria penal, porque podia impor penas a seus subjugados, até mesmo a pena de morte à mulher, aos filhos e aos escravos. Detinha poder absoluto em seu âmbito de ação.

Os bens adquiridos pelos membros da família integravam-se automaticamente ao patrimônio familiar. Nos primórdios de Roma, a noção de família englobava o conjunto de pessoas que viviam sob a dependência de um chefe e a totalidade dos bens que constituíam sua propriedade.

A *gens* (gentes) é um produto natural do regime patriarcal: um grupo de pessoas que acreditava descender de um ancestral comum gerando na família romana uma amplitude bem maior que na família moderna. Os vínculos familiares não eram oriundos apenas dos laços de sangue. Os *agnatos* de uma mesma família eram aqueles que podiam provar sua descendência comum, de geração em geração, e os *gentílicos* eram aqueles tidos na mesma família por vínculo imaginário ou distante.

A formação política da época apresentava uma simetria com esse sistema patriarcal, em que o rei é o magistrado único, vitalício e irresponsável, no sentido técnico do termo. O rei não era vitalício e, segundo os estudiosos, era eleito pelos *comícios*. Ficava à testa dos romanos, como o próprio *pater* o fazia perante a família. Era encarregado do culto do Estado, como o *pater* era encarregado do culto familiar, dos antepassados. O rei era juiz dentro da cidade, como o *pater familias* era juiz no meio familiar, com sua jurisdição tanto civil como criminal, mas era na justiça criminal que mais se destacava o papel do rei, porque a jurisdição civil ainda se apresentava tosca e embrionária. O rei era assistido por um conselho de anciãos, senatores, que, primitivamente, eram chefes das várias gentes, ou tribos.

Quando surgiu o Estado Romano (*civitas*), os *gentiles* (membros das diversas *gentes*) formaram o *patriciado*. Na Realeza, somente os patrícios gozavam de todos os direitos civis e políticos. Havia também a clientela (espécie antiga de vassalagem) e a plebe.

Com o aparecimento das assembléias masculinas ou comícios (*comitia*) cessou o absolutismo derivado do poder patriarcal. Nas reuniões não havia distinção entre pais e filhos, excluindo-se, entretanto, a participação dos clientes por serem desprovidos de *status* de cidadão.

Nas assembléias populares deliberava-se sobre leis propostas exclusivamente pelos reis e assuntos em matéria privada, a exemplo da adoção, aprovação de testamentos, convocações militares, dispensa de penalidades e impostos.

Havia também a *comitia calata* (assembléias caladas), em que nada se votava ou discutia, constituindo um tipo de reunião convocada pelo rei para comunicar declaração de guerra ou celebração de paz.

Por volta de 540 a.C. Sérvio Túlio, penúltimo rei dessa fase, estendeu aos plebeus a participação nas votações ao lado dos patrícios, surgindo a *comitia centuriata*. Esse rei também iniciou uma reforma em matéria de arrecadação de impostos, serviço militar e uma ligação que, ao que parece, já existira anteriormente entre o serviço eleitoral e o direito de voto. Sua constituição baseava-se em divisões territoriais (*tribus*), das quais cada indivíduo era proprietário, e um recenseamento (*census*) determinando as obrigações militares e as de cada indivíduo como contribuinte. Tomando por base a riqueza de cada cidadão, além de nivelar os patrícios pelo nascimento, também considerou a fortuna e o domicílio nos recenseamentos realizados a cada cinco anos.

Os comícios decidiam sobre casos concretos ocorridos na cidade e não votavam leis de caráter geral. Seriam fontes do direito nessa época o costume (a cargo das famílias) e as leis régias compiladas por Sexto Papírio.

Pela tradição, as leis régias seriam atribuídas em sua maior parte a Rômulo, Numa Pompílio e Tulo Hostílio. Segundo Moreira Alves (2002, p. 12), os autores modernos negam a veracidade da tradição, alegando que a compilação é apócrifa. As leis régias seriam regras costumeiras de caráter religioso compiladas nos fins da República ou começo do Principado. Finalmente, Rolim (2002, p. 45) afirma inexistir comprovação histórica da existência de um jurista de nome Papírio e da autenticidade desse *Jus Civile Papirianum*.

O monopólio das fórmulas de conhecimento da jurisprudência romana (aqui no sentido de ciência do direito) pelo Colégio dos Pontífices resultava numa forte ligação entre o direito dos deuses (*fas*) e do direito humano (*jus*).

Nos tempos primitivos a jurisprudência era monopolizada pelos pontífices. Esse monopólio – em decorrência do rigoroso formalismo que caracteriza o direito arcaico – consistia em deterem os pontífices o conhecimento, não só dos dias em que era permitido comparecer a juízo (*dias fastos*, em contraposição aos *nefastos*, em que isso era proibido), mas também das fórmulas com que se celebravam os contratos ou com que se intentavam as ações judiciais.

Os sacerdotes eram os verdadeiros árbitros do divino e do humano. Pertenciam ao Colégio dos Pontífices, exercendo inclusive a função de guardiões dos arquivos religiosos, onde se registravam os acontecimentos mais relevantes da vida romana. A interpretação do direito arcaico competia a quem detinha o poder religioso. Alguns feiticeiros descobriam a vontade dos deuses através de sinais percebidos por meio da análise das entranhas dos animais, sinais celestes, vôo e sons emitidos pelas aves.

Nesse período iniciaram-se as conquistas romanas e a assimilação dos povos conquistados através de estreitas ligações em decorrência da estratégia romana que preservava laços de amizade e hospitalidade entre os povos conquistados.

3.3. ÉPOCA DA REPÚBLICA (DE 510 A 27 A.C)

Para Rolim (2002, p. 46), a Realeza teria caído por diversos motivos, dentre os quais o descontentamento do patriciado contra os desmandos dos reis de origem etrusca, em especial Tarquínio, o Soberbo, que havia favorecido os plebeus em suas reformas.

Como conseqüência do fim da Realeza, em 510 o último rei romano foi substituído por dois cônsules: Bruto e Tarquínio Colatino, iniciando-se a Época da República. A transferência dos poderes políticos dos reis é o resultado quase exclusivo da queda da realeza. Mantém-se nesses dois dirigentes (cônsules) a proteção religiosa. No tocante ao poder laico, porém, os cônsules detinham os mesmos poderes dos reis, durante o ano em que exerciam suas funções. Nesse período, eram irresponsáveis, como o eram os reis vitaliciamente; tinham o direito de comandar o exército e de distribuir a justiça civil e criminal, de convocar os comícios e o Senado e de nomear senadores. Contudo, a introdução do termo consulado já dava margem a certo refreamento de atitudes.

O desaparecimento da figura do rei fomentou uma nova estrutura político-administrativa composta pela *Magistratura*, *Senado* e *Assembléias do Povo* (*comitia*).

a) Magistratura

As novas magistraturas surgiram gradativamente dividindo as atribuições do Consulado, como, por exemplo, os *pretores* (apreciavam os litígios), os *censores* (responsáveis pelo recenseamento), os *edis* (espécie de vereadores da época) e os *questores* (encarregados das finanças públicas).

O pretor, da mesma forma que os demais magistrados, promulgava seu programa ao assumir o cargo, revelando como pretendia agir durante o ano de seu exercício. Havia até uma magistratura extraordinária eleita pelo povo em casos de guerra, calamidades e problemas sociais graves.

b) Senado

Os Senadores ganharam importância política. Em decorrência da espécie de mandato dos cônsules, aumentou o grau de responsabilidade na escolha do Senado, que passou a ser sempre consultado em decisões importantes.

Após analisar as diferenças de desenvolvimento e importância das fontes normativas no Direito Romano, Lima Lopes (2002, p. 57) fala sobre a evolução histórica e a função do Senado, explicando que inicialmente o *senatus consultum* constituía apenas uma opinião do senado a respeito de determinada matéria. Representava moralmente a autoridade dos patriarcas (*auctoritas patrum*) e não tinha o mesmo caráter da lei. É com a decadência das formas republicanas de deliberação, a partir do principado, que o *senatus consultum* converte-se em fonte normativa. Há um progressivo centralismo, e das assembléias o poder passou ao senado. No final da República e no início do principado o *senatus consultum* havia sido interpretativo e sugestivo para os pretores (sugestão de exercício de seu poder e criação de editos). Sob Adriano (117-138 d.C.) a função normativa do Senado é reconhecida.

Na República, os *senatus consultum* eram as deliberações do senado, dirigidas geralmente aos magistrados.

c) Assembléias do Povo (comitia)

As assembléias do povo ocorriam pelos *comícios por cúrias, comícios por centúrias* e *comícios da plebe.*

Comícios por cúrias: composta apenas de patrícios, a *comitia curiata* era uma assembléia popular com atribuições limitadas para confirmar a eleição de cônsules, pretores e ditadores.

Comícios por centúrias: compostos de patrícios e plebeus, eram convocados por magistrados para escolher censores, pretores e também para votar leis referentes a decretação de guerra ou celebração de tratados de paz. Funcionava ainda como corte de apelação, em matéria de pena de morte e exílio.

Comícios da plebe: compostos apenas de plebeus, os *concilia plebe* eram presididos pelo tribuno da plebe e tinham competência eleitoral, legislativa e judiciária como as assembléias do Estado. Sílvio Venosa (2007, p. 32) lembra que foi por iniciativa da plebe, no primeiro século da República, que se deu a codificação do direito até então costumeiro, fato importantíssimo para a história do Direito Romano.

Com a *Lex Hortensia* (289 a.C) os plebiscitos passaram a ter seu cumprimento obrigatório por todos os cidadãos romanos.

Até o século V a.C. as leis eram transmitidas oralmente, pois não existiam leis escritas no Império Romano. Os patrícios ou *quirites* detinham o monopólio dos cargos na magistratura e no senado, deliberando o destino de Roma em suas respectivas assembléias. Nesse cenário, um dos objetivos dos plebeus era afastar a incerteza do direito por meio de um código.

Em 462 a.C. o tribuno da plebe Terentílio Arsa propôs a criação de uma magistratura específica para que se criasse um código para a plebe. Seu pedido não foi acatado pelos patrícios, mas criou-se uma magistratura composta de 10 (dez) membros (o decenvirato) para escrever uma lei com todos os preceitos do Direito Romano. Em 454 seguiu para a Grécia uma comitiva para estudar a legislação de Sólon. Quase todos os estudiosos da legislação romana confirmam a viagem dos três patrícios, enviados aos centros da cultura helênica no ano de 300 com o objetivo de se aperceberem dos preceitos legais da reforma soloniana e, com tais subsídios, se orientarem na estruturação de um código que atendesse aos interesses reivindicantes dos herdeiros de Rômulo.

Com o retorno dessa comitiva (452 a.C.) foram eleitos os decênviros, que durante o ano de 451 a.C. elaboraram uma codificação com dez tábuas contendo influências da legislação grega e da velha tradição legal romana. Em 450 a.C. elegeu-se um novo decenvirato que produziu mais duas tábuas perfazendo um total de 12 (doze).

Diante da insatisfação dos plebeus, surgiu a primeira lei escrita do mundo romano: a Lei Decenviral, oficialmente conhecida como Lei das XII Tábuas, monumento fundamental para o Direito, que revela claramente uma legislação rude e bárbara, fortemente inspirada em legislações primitivas e talvez muito pouco diferente do direito vigente nos séculos anteriores. Essa lei surgiu do conflito entre a plebe e o patriciado, e dela só restam fragmentos que vieram até nós transmitidos por jurisconsultos e literatos. Os romanistas têm procurado reconstituir seu conteúdo, sobressaindo-se nessa tarefa os juristas alemães.

As XII Tábuas, chamadas séculos depois, na época de Augusto (século I), fonte de todo o direito (*fons omnis publici privatique iuris*), nada mais são que uma codificação de regras provavelmente costumeiras, primitivas, e às vezes até cruéis (Marki, 1995, p. 6).

Não se sabe com certeza se a lei foi inscrita em madeira, mármore ou bronze. A reconstituição do conteúdo do citado monumento legislativo engendra grandes dificuldades. Em nossos dias o texto completo da Lei das XII tábuas não foi preservado em sua integralidade, sendo conhecidos apenas por alguns fragmentos e, ainda assim, sem condições de definir a quais tábuas esses trechos pertencem.

Conforme Moreira Alves (2002, p. 26), o historiador italiano Ettore Pais e o jurista francês Lambert chegaram a negar a autenticidade da Lei das XII Tábuas. Rolim (2002, p. 60) atesta que as tábuas foram destruídas num incêndio em 399 a.C., quando Roma foi invadida pelos gauleses.

3.4. ÉPOCA DO PRINCIPADO (DE 27 A 284 D.C)

Crises sociais, econômicas e políticas em conseqüência de sucessivas guerras civis, seguidas pelo assassinato de César em 44 a.C., instalaram na República confrontos militares, problemas financeiros e incontrolável corrupção. A indicação dos governantes chegava a depender do apoio dos soldados, tamanho o grau de profissionalização do exército romano.

Antônio Filardi Luiz (1999, p. 43) faz uma breve síntese do cenário de modificações políticas em Roma nesse período. Otávio enfrenta Marco Antonio e o vence. Enquanto Júlio César assume o poder na qualidade de ditador, Otávio arroga-se o título de perpétuo e, conseqüentemente, toma para si as prerrogativas de várias magistraturas: o *imperium* dos procônsules, o poder e as imunidades dos tribunos, bem como a soberania dos pontífices ou sacerdotes, e intitula-se "Augusto" (divino).

Iniciando-se com Augusto em 27 a.C, a Época do Principado representa o apogeu do poder romano, que se estende por um período superior a trezentos anos. A expansão romana acentuou-se. Nessa época, a concentração de poderes nas mãos do soberano diminuiu a importância das demais instituições romanas.

As funções legislativas, judiciárias e eleitorais das antigas assembléias populares foram transferidas gradativamente para o príncipe e para o senado romano, e as assembléias populares foram definitivamente suprimidas pelo imperador Tibério.

Durante o principado o Senado manteve-se aparentemente em posição de destaque. Na realidade, porém, sua atividade foi inspirada e orientada pelo príncipe. Os senadores eram eleitos entre os ex-magistrados, e, como a influência do *princeps* era decisiva nessa eleição, os membros do Senado eram homens de sua confiança. Por outro lado, o príncipe tinha livre iniciativa para convocar o Senado, e a ele apresentar respostas.

Nessa fase, o Senado passou a abranger as funções eleitorais e legislativas dos comícios, mas perdeu para o príncipe muitos dos poderes que detinha na época da República. Posteriormente o poder de legislar ficaria concentrado nas mãos do príncipe.

Em relação às leis, o costume continuava em pleno vigor ao lado de outras numerosas fontes de direito que surgiam. Muitas leis em matéria de Direito Privado levaram o nome de Augusto, e os editos dos magistrados continuaram sendo expedidos geralmente repetindo editos anteriores.

Muitos jurisconsultos famosos despontaram nesse período produzindo pareceres em vários assuntos, entre eles Papiniano, Paulo, Ulpiano, Modestino, Gaio, Sabino, Sálvio Juliano, Pompônio, entre outros.

Resultado da intensa atividade dos jurisconsultos, surgiram as escolas dos Sabinianos e a dos Proculeianos. Dessa época é a escola clássica do Direito Romano que, apesar de profícua no número de juristas, refere-se ao nascimento das duas célebres escolas antagônicas teóricas, uma fundada por Labeão, cujo sucessor foi Próculo, que deu o nome à escola dos proculeanos, e a outra fundada por Capitão, cujo sucessor foi Sabino, daí a denominação de sabinianos. Não se sabe ao certo a origem das dissenções de caráter teórico dos dois grupos que se tornaram clássicas, porque trazidas até nós pelas compilações.

Labeão (Marcus Antistius Labeo) recusou o cargo de cônsul para melhor se dedicar ao estudo do direito. Capitão (Caius Ateius Capito) ocupou o cargo de cônsul em 5. d.C. Com muitas dissensões sobre o direito público e privado, uma das clássicas divergências dessas escolas dizia respeito ao início da puberdade do homem: os sabinianos entendiam que a puberdade deveria ser comprovada por inspeção corporal e os proculeianos a fixavam aos quatorze anos.

Essas escolas assemelhavam-se a grupos de discussão em que os *juris prudentes* ensinavam – oralmente e sem textos – grupos de discípulos reunidos à sua volta.

Por volta de 130 d.C. os juristas que participaram da obra de Justiniano coletaram o maior acervo de informações. O imperador Adriano mandou consolidar os editos dos pretores pelas mãos do jurisconsulto Sálvio Juliano.

Pela *Constitutio Antoniniana de Civitate*, o Édito de Caracala (212 d.C.), a cidadania foi estendida para todos os homens livres do Império Romano, numa espécie de cidadania universal, sendo-lhe indiferente o local do nascimento das pessoas. Com este édito criava-se uma espécie de fraternidade multicultural e étnica sob o domínio romano.

No campo doutrinário, um livro escolar denominado *Institutas de Gaio* foi descoberto em 1816 pelo historiador Nielbuhr. O grande mérito dessa obra é proporcionar noções do Direito Romano Clássico.

Dessa mesma época também são as *Regras de Ulpiano* (obra que não nos chegou na forma original, mas apenas um resumo com vinte e nove títulos e uma introdução) e as *Sentenças de Paulo* (cujo texto nos chegou em parte por meio de compiladores posteriores).

3.5. ÉPOCA DO DOMINATO (DE 284 A 565 D.C)

Denomina-se Dominato o período iniciado com a chegada ao poder de Diocleciano (284 d.C.) e termina com a tomada de Constantinopla (1453) no governo de Constantino XI. O Direito Romano do Baixo Império desenvolveu-se entre os séculos IV ao VI d.C., de Constantino a Justiniano.

Os imperadores romanos dessa época eram despreparados para o cargo, acentuaram-se as desigualdades sociais, a inflação e a insolvência dos cofres públicos para custeio das despesas militares. Para amenizar a crise, em 240 d.C. Alexandre Severo chegou a distribuir terras aos comandantes e soldados, assim surgindo núcleos populacionais fortificados que viriam a ser o embrião dos feudos da Idade Média. Deixando a dedicação ao preparo militar, os soldados voltaram sua atenção mais para a agricultura e os generais ocupavam a posição de poderosos senhores de terras.

Com a morte de Alexandre Severo no século III d.C., durante aproximadamente cinqüenta anos sucederam-se vários imperadores que permaneciam no poder por curto espaço de tempo, geralmente de cinco a seis anos em média, ou até mesmo poucos meses.

Esses acontecimentos marcaram o surgimento do Dominato – regime monárquico de caráter absolutista instalado com Diocleciano (284 d.C.), líder político oriundo da carreira militar proclamado imperador por seus soldados.

Diocleciano dividiu administrativamente o Império Romano, ficando responsável pela parte oriental com sede em Nicomédia e dividindo o poder com Maximiano (que ficou com o império ocidental, com sede em Milão). Em 286 d.C. nomeou mais dois governadores:

Constantino (encarregado das regiões da Britânia, Gália e Espanha) e Galério (responsável pela Ilíria e Grécia), num sistema de governo denominado *tetrarquia*. Apesar da divisão, o verdadeiro comando estava concentrado nas mãos de Diocleciano.

As instituições políticas do Dominato caracterizam-se por ampla burocratização administrativa e rígida distribuição hierárquica dos funcionários. Dentre as principais mudanças nas instituições políticas desse período, Rolim (2002, p. 82-83) destaca a nova classificação dos funcionários administrativos, a redução da importância dos cargos da magistratura, a bipartição do Senado romano com sede em Roma e Bizâncio e a extinção das assembléias populares.

Como conseqüência do despotismo imperial, as constituições imperiais passaram a ser a principal fonte do Direito Romano.

No campo da jurisprudência, foi concedido a alguns jurisconsultos o direito de responder em nome do príncipe, mas essas prerrogativas foram canceladas quando o Imperador Constantino assumiu o cargo em 306 d.C. Apesar do cancelamento dessas prerrogativas, as opiniões e decisões dos jurisconsultos continuaram sendo utilizadas como fonte na elaboração das constituições e aplicação da justiça.

Em relação aos juristas clássicos (como Gaio, Paulo e Ulpiano), Sílvio Venosa (2007, p. 42) esclarece que suas obras continuaram sendo consultadas, sendo denominadas *ius*, contrapondo-se às constituições imperiais denominadas *leges*. É partindo desse contexto que Justiniano faz a monumental compilação que o ligou à História e ao próprio Direito.

Sobre *jus* e *leges*, Antônio Luiz Filardi (1999, p. 47) se pronuncia explicando que as constituições imperiais denominam-se *leges* e constituem-se no Direito Positivo do Império; jus é a doutrina jurídica ainda a cargo dos jurisconsultos, como é óbvio, que continuam a interpretar o Direito por meio das *responsa prudentium* (pareceres dos jurisconsultos), mas revistas, interpretadas e complementadas pelo Imperador. De outro modo, não têm eles mais o *jus respondendi* (direito de fixar a norma jurídica para regular determinada espécie de direito), mas os magistrados continuam a acatar os pareceres por eles preparados.

Quanto aos costumes, ocupavam posição secundária em relação às demais fontes, podendo ser aplicados excepcionalmente na hipótese de lacuna das constituições imperiais.

Com a invasão do Ocidente por Odoacro, o Império Romano teve seu centro deslocado para a cidade de Constantinopla (antes Bizâncio, atualmente denominada Istambul).

Apesar da divisão oriental e ocidental, Moreira Alves (2002, p. 42) constata a permanência da unidade política do Império Romano quando informa que a reunião das duas partes persistiu até a morte de Teodósio I, quando se verificou a divisão definitiva do Império Romano entre seus dois filhos: Honório ficou com o Império do Ocidente; Arcádio, com o do Oriente. É de nota, porém, que os dois Impérios conservaram-se como uma unidade ideal, tanto assim que, quando um dos imperadores morria, o outro tinha seu poder dilatado a todo o Império Romano, até que seu sucessor fosse escolhido.

No Baixo Império percebem-se os primeiros esforços de codificação. Segundo Gilissen (2003, p. 91), as primeiras recolhas de leis são obras privadas, provavelmente redigidas em Beirute: o *Codex Gregorianus*, composto cerca de 291 d.C., contém as constituições de 196 a 291 d.C.; o *Codex Hermogenianus* foi elaborado um pouco depois, em 295 d.C.

A primeira recolha oficial foi publicada em 438 d.C., denominada Código Teodosiano, compreendendo as constituições promulgadas desde Constantino (312 d.C.). A influência teodosiana foi mais duradoura no Ocidente tendo em vista que, no Oriente, Justiniano empreendeu uma compilação de todas as fontes antigas do Direito Romano.

Assediado pelos bárbaros, o Império do Ocidente caiu prematuramente em 476 d.C. Posteriormente, em 553, Justiniano (Imperador do Oriente) retoma a Itália de forma efêmera até a expulsão bizantina pelos lombardos, em 568 d.C. O fim do Império do Oriente dá-se com a tomada de Constantinopla, em 1453.

3.6. PENETRAÇÃO DO DIREITO ROMANO NA FRANÇA

Na França, a partir dos fins do século XII, a justiça real está bem organizada e, em meados do século XIII, cria-se no seio da Cúria

Régia um grupo especializado em matéria judiciária. O parlamento parisiense e posteriormente o das províncias constituem tribunais soberanos que participam do governo do reino.

Sobre o uso do Direito Romano, René David (2002, p. 58) observa que nem os costumes, nem o Direito Romano vinculavam estritamente estes tribunais; eles podiam recorrer a fontes diferentes para proferir a sua decisão; a sua ligação com o poder real permitia-lhes excluir a aplicação do direito estrito para fazer prevalecer a eqüidade. Assim, os juristas franceses sentir-se-ão sempre bastante livres perante a Universidade e o Direito Romano que nela é ministrado. A ciência é uma coisa, o governo é outra.

O Direito Romano sempre exerceu prestígio no esforço de modernização do Direito nos parlamentos da França, particularmente em certas matérias (contratos) em que naturalmente se aceitarão as soluções romanas.

O Direito Comum na França é bem mais a jurisprudência dos parlamentos. As decisões regulamentadoras nos séculos XVI e XVII são freqüentes na França, dando a conhecer como futuramente o parlamento julgará em dadas circunstâncias. Essas decisões de interesse mais processual disciplinam também numerosas questões de direito privado.

Considerando a jurisprudência dos parlamentos, tornou-se possível no século XVIII falar na França de um "direito comum consuetudinário", em oposição a certas matérias de Direito Romano (David, 2002, p. 59).

Fases do Direito na França anteriores ao Código de 1804

A penetração do Direito Romano na França também pode ser demonstrada a partir das três fases do direito francês, conforme a divisão proposta por Vicente Rao (2005, p. 103-104):

a) Na *fase do direito antigo* (que vai até a Revolução Francesa) regiam os costumes, o direito romano, o direito canônico e as ordenações reais.

Sucedendo ao direito costumeiro dos gauleses, o direito romano passou a vigorar em toda a Gália, até a invasão dos germanos. Sob a invasão, o direito romano continuou a imperar no Sul, como direito escrito, ao passo que os costumes germânicos vigoraram no Norte, onde, aliás, ao direito romano se recorria como fonte subsidiária. Esse direito costumeiro, por sua, vez, começou a ser consolidado pela Ordenação de Montiles-Tours (1453), no reinado de Carlos VI, transformando-se, aos poucos, em direito escrito.

O direito canônico influenciou consideravelmente o direito antigo na França, considerando a competência das jurisdições eclesiásticas em matéria de matrimônio, filiação, testamento e outras conexas, além de ter inspirado o conteúdo e o modo de aplicação das ordenações reais. Um registro paroquial dos nascimentos, casamentos e óbitos foi resultado das Ordenações de 1539 e 1579.

b) Na *fase do direito intermediário* (do período revolucionário até o código de 1804) destacam-se a edição de leis civis sobre organização da família, o casamento civil, a fixação da maioridade aos vinte e um anos e a adoção, entre outras.

c) Na *fase do direito napoleônico* destacam-se a unificação das leis civis francesas e a consagração dos princípios da Revolução. Ao lado das contribuições do Direito Canônico e da jurisprudência dos parlamentares, o código de 1804 aproveitou do Direito Romano principalmente as disposições relativas à propriedade, ao usufruto, às obrigações e ao regime dotal.

A elaboração do Código Civil Francês de 1804

Os juristas Portalis, Trouchet, Preameneu e Mallaville, elaboradores do Código Civil Francês de 1804, buscaram sua principal diretriz no espírito do Direito Romano, objetivando restituir a liberdade civil e econômica dos indivíduos e neutralizando os privilégios das minorias do antigo regime.

Napoleão acompanhava pessoalmente o processo legislativo, intervindo para que os princípios de liberdade, igualdade e fraternidade da

Revolução Francesa estivessem consagrados nas disposições do Código.

Mesmo com a queda de Napoleão em 1814 e o conseqüente enfraquecimento do poder político francês, o Código Civil de 1804 ainda permaneceu em vigor ou foi voluntariamente adotado nos países antes anexados ou submetidos ao governo imposto pelo conquistador.

A influência do Direito Romano reavivada pelo Código Napoleônico acabou por penetrar na legislação de povos até mesmo não latinos. Na Europa, a influência do Código Civil francês foi bastante intensa nas legislações civis da Itália (vigorou até em Estados italianos não anexados à França); Bélgica (quando a Bélgica separou-se da França em 1814 uniu-se à Holanda, e a lei civil francesa imperou no Reino Unido de 1814 até reconquista da independência belga em 1830); Suíça (Berna e a antiga República de Genebra estiveram anexadas à França); Luxemburgo (o Código francês, em vigor desde 1804 não foi substancialmente atingido pelas reformas posteriores); e Principado de Mônaco (que declarou a obrigatoriedade do Código Napoleão, a qual perdurou até a promulgação de seu próprio Código Civil em 1818).

O Código Napoleão serviu de fonte para a legislação civil da Holanda, de subsídio para o Japão, de modelo para a província de Quebec, no Canadá, e ainda influiu na Escócia, nas colônias Maurícia e Seichela, na União Sul Africana, nas Filipinas etc.

O sucesso da codificação francesa se explica por suas relações íntimas com o direito comum, tal qual se desenvolvera, baseado no direito romano, por obra dos intérpretes.

3.7. INFLUÊNCIAS DO DIREITO ROMANO NA ESPANHA E EM PORTUGAL

Na Espanha, a par dos costumes locais, vigoravam as compilações constituídas pelos Código Visigótico, a Lei das Sete Partidas, a Recompilação de Felipe II e a Novíssima Recompilação de Carlos IV.

No século XIII, o rei Alfonso X de Castela ordenou que juristas hispânicos procedessem à compilação dos Direitos Romano e Canônico, ficando a obra conhecida como *Ley de las Siete Partidas* (1260).

Corrêa (2003, p. 81) atribui o nome *Siete Partidas* talvez ao fato de cada uma das sete partes iniciar por uma das letras do prenome do rei:

A – L – F – O – N – S – O. O direito romano tornou-se, muito naturalmente, o "direito comum" da Itália, da Espanha e de Portugal. Com efeito, ele representava nesses países o costume geral, independente de qualquer recepção. As Siete Partidas contribuíram decisivamente, na Península Ibérica, para o reconhecimento de sua autoridade, em detrimento dos costumes locais que podiam ser derrogados.

Os *fueros* (forais) constituem uma forma de redução a escrito de costumes próprios da Península Ibérica; são aparentados a privilégios urbanos ou rurais; sendo que os mais antigos aparecem já no século IX (Gilissen, 2003, p. 266). São inseridas nos foros disposições de origem romana sob a influência do renascimento do Direito Romano.

O direito comum permaneceu ao lado do *direito foraleiro* até a promulgação do Código Civil Espanhol, em 1889. Os elaboradores desse Código se orientaram pelo Código Civil Francês. As legislações foraleiras continuaram em vigor após o advento do código.

Quando o Condado Portucalense, em 1440, com Afonso Henriques, separou-se da Espanha, o Direito Romano ocidental constituía a base do sistema jurídico dos dois países.

Com a renovação dos estudos jurídicos, promovida pela Escola de Bolonha, as leis de Portugal cada vez mais assumiram um caráter romano; assim são organizadas por Afonso V, em 1446, as chamadas Ordenações Afonsinas. Recorria-se diretamente ao direito romano na ausência de normas especiais.

Em Portugal, depois da independência do Condado Portucalense, a *Ley de las Siete Partidas* continuou vigorando sob a denominação de *Leis romanas traduzidas em espanhol.* Em 1289 foi criada a Universidade de Lisboa, depois transferida para Coimbra, onde foram traduzidas as Partidas para a língua portuguesa. Diante da necessidade de Portugal consolidar a independência do Reino mediante legislação nacional própria, as Sete Partidas foram substituídas pelas Ordenações Afonsinas, publicadas em 1446.

O fenômeno da recepção do Direito Romano também se verificou em Portugal, destacando a contribuição da Universidade de Coimbra, que até 1722 centrava os estudos de Direito apenas na autoridade do Direito Romano.

Essa recepção era a adaptação do Direito Romano clássico aos povos que sofreram a fragmentação das conquistas bárbaras, quando surgiram várias nações com caracteres próprios.

O Direito Romano e as Ordenações de Portugal no Brasil

No Brasil, por ocasião do seu descobrimento, o Direito Romano era aplicado em Portugal e, conseqüentemente, também passou a ser aplicado na nova colônia. Quando se criou o Tribunal da Relação de São Luís pelo Alvará de 13 de maio de 1812, mandou-se prover a corte de um *Corpo de Direito Romano*.

Com a independência do Brasil, em 1822, continuava vigorando entre nós um direito vindo de fora que chegava até nós via Portugal e Vaticano. As Ordenações Afonsinas, Manoelinas e Filipinas, com raízes profundas no Direito Romano, possibilitaram a continuidade desse direito no Brasil, mormente porque apenas em 1916 nosso pioneiro Código Civil substituiu as Ordenações Filipinas.

As Ordenações Afonsinas (1446) estabeleciam a aplicação do Direito Romano em hipóteses imprevistas na lei, nos estilos da Corte, nos costumes ou no Direito Canônico.

Os princípios das Ordenações Afonsinas foram mantidos com o advento das Ordenações Manuelinas, promulgadas por Dom Manuel em 1521.

As Ordenações Filipinas de 1603, promulgadas por Felipe II (rei de Espanha e Portugal), admitiam a aplicação do Direito Romano no silêncio da lei; no costume do reino ou estilo da Corte e em matéria que não importasse pecado. Estas últimas ordenações foram confirmadas pela Lei de 20 de janeiro de 1643, quando Portugal voltou a ser independente da Espanha (1640). O tempo de vigência das Ordenações foi maior no Brasil do que em Portugal, já que, lá, em 1867, foi promulgado o Código Civil português.

Em 1769, a *Lei da Boa Razão*, promulgada pelo Marquês de Pombal, proibiu a invocação do Direito Canônico no foro civil e considerou *boa razão* a decorrente do *direito das gentes*, como produto do consenso universal. Lopes (2002, p. 270) ressalta que a Lei teve um impacto grande, mas não se impôs completamente o abandono do Direito

Romano, que continuaria a ser guardado por *boa razão*. Uma lei nova iria definir o critério de *boa razão* que passaria a ser aceito.

Desde a portuguesa Lei da Boa Razão de 1769, o direito comparado foi um tradicional meio de interpretação e atualização de nossas normas, visando a evolução (*Rechtsfortbildung*) do direito brasileiro. A Lei da Boa Razão introduz como importante Princípio de Interpretação e de Integração das já superadas normas das Ordenações e do direito romano comum a "*recta ratio*", que se encontraria na interpretação atual e na doutrina das nações cristãs civilizadas.

Devido às dificuldades da utilização da regra ou teste da Boa Razão, a Lei de 28 de agosto de 1772 (Estatutos da Universidade de Coimbra) previu uma direta remissão ao direito estrangeiro vigente na época por meio do *usus modernus pandectarum*, que nada mais era do que a visão atualizada, já dogmática e científica do direito europeu comum. Por outro lado, no Brasil, até 1828, não havia nenhuma Faculdade de Direito em funcionamento.

Os colonizadores, portugueses e outros europeus edificaram a ordem jurídica colonial brasileira com base na dogmática, na filosofia do direito que conheceram e estudaram na Europa continental, mas já no século XVIII multiplicavam-se as lacunas legais e a necessidade de adaptação à realidade das colônias. Essa necessidade de nova interpretação dos antigos textos e de integração das leis levou a prever em lei, como se o direito civil fosse uma verdade universal e una, a recepção e observação *ex vi lege* de idéias jurídicas européias e de uma interpretação européia atualizada do direito romano comum. Seguindo o modelo português, a jurisprudência brasileira baseou-se em muito nas Glosas de Accursius e Bartolus, a ponto de ser criticada.

O juiz português ou brasileiro utilizava-se, direta ou indiretamente (através das Glosas), do direito romano como fonte subsidiária oficial para suprir as lacunas das Ordenações Manuelinas (de 1521) e das Ordenações Filipinas (de 1603).

No Brasil colonial, tinham plena vigência as leis portuguesas e, mesmo após a Independência, mantiveram-se elas em vigor. Uma lei de 20 de outubro de 1823 mandou observar as Ordenações Filipinas no país, bem como as leis, regimentos, alvarás, decretos e resoluções vigentes em Portugal até a data da saída de D. João VI, isto é, 25 de abril de 1821.

Em 1859 foi finalizado o projeto de Codificação do Direito Civil Português, de autoria do Visconde de Seabra, em harmonia com as idéias liberais do Código Napoleônico. Esse projeto foi revisado por uma comissão de professores de Coimbra (1860-1865), sendo finalmente aprovado.

As colônias espanholas e portuguesas (bem como as francesas e holandesas) da América, estabelecidas em países praticamente desabitados ou cuja civilização estava voltada ao desaparecimento, aceitaram naturalmente as concepções jurídicas características do sistema romano-germânico.

Sem abandono dos costumes locais e em decorrência da colonização, a legislação civil da América Latina insere-se no sistema romano.

Na América Latina, em especial no Brasil, o pensamento jurídico iniciou-se sob a influência do catolicismo, presente na fundação dos cursos jurídicos, verificando-se a partir do século XIX uma crescente preocupação com a filosofia e outras ciências sociais. Por sua vez, a forte atuação de elites políticas cultas na América é evidenciada pelos debates acerca do pacto federativo implantado nos Estados Unidos.

Elencamos as datas dos Códigos Civis dos países latinos, outrora colônias, em ordem cronológica: Haiti (1825), Bolívia (1830), São Domingos (1835), Chile e Peru (1852), Equador e Nicarágua (1867), Uruguai (1868), México (1870), Colômbia (1873), Argentina (1875), Costa Rica (1887), Paraguai e Cuba (1889), Honduras (1891), Brasil (1916), Panamá (1917) e Venezuela (novo código datado de 1942).

Capítulo 4

O Sistema Germânico

4.1. ANTECEDENTES HISTÓRICOS DO CÓDIGO CIVIL ALEMÃO

Os povos germânicos situavam-se a leste do Reno e a norte dos Alpes. Na época romana, o sistema jurídico germânico era um direito tribal arcaico e pouco desenvolvido.

Durante a maior parte de sua história, a Alemanha não formava uma unidade e sim uma livre associação de numerosos Estados territoriais que compunham o Sacro Império Romano de Nação Germânica. Foi um longo caminho até a fase de unificação política em 1871, com a fundação do Império Alemão.

Alguns dos povos germânicos invadiram o Império Romano Ocidental, principalmente no século V d.C. Os francos instalaram-se nas áreas territoriais que atualmente correspondem à Bélgica e ao Norte da França. Os povos visigóticos penetraram na Península Ibérica e no sudoeste francês.

Na época Carolíngea ocorreu a fusão dos sistemas jurídicos romano e germânico, gerando um sistema do tipo feudal (sécs. X a XII).

No século XIII a Alemanha vivenciava a desintegração do império e da sociedade fazendo desaparecer toda a jurisdição central naquele país. Ainda subsistia com reduzida competência o Tribunal Imperial (*Reichshofgericht*), devido às muitas imunidades de jurisdição concedidas pelo imperador. Além de o *Reichshofgericht* não possuir uma sede fixa, não dispunha de juízes permanentes nem dos meios apropriados para executar seus julgados.

Em 1495 uma nova jurisdição imperial foi estabelecida pelo imperador Maximiano, mas sua atividade continuou limitada. Nessas condições a jurisprudência alcançava alguma importância nas esferas regionais, no quadro dos diferentes Estados germânicos, mas, diante dos obstáculos da jurisprudência em gerar um sistema de direito alemão, o caminho foi recepcionar o Direito Romano.

No século XVI os príncipes alemães quiseram deter o monopólio da justiça em cada um dos seus territórios. No século XVIII verificou-se uma nova tentativa por parte de alguns autores no sentido de sistematizar o direito alemão e fazer dele um rival do *jus commune* representado pelo Direito Romano, mas este direito já estava implantado em bases sólidas. No século XIX surgiu a experiência da Escola Histórica, salientando a espontaneidade no desenvolvimento do direito.

O direito dos povos germânicos permaneceu sobretudo tendo por base o costume, mas não exclusivamente. A lei surgiu como fonte do direito na época dos primeiros reis das monarquias germânicas instaladas no quadro geográfico do antigo Império Romano, designadamente entre os Visigodos e os Francos.

Segundo Franz Wieacker (2004, p. 97), a Alemanha entrou na Idade Média em circunstâncias diferentes dos demais países da Europa. Co-herdeira do Império Carolíngeo, foi vítima da idéia de Império. A herança do Estado romano manifestou-se na Alemanha sob forma quase arcaica, o que atrasou sua evolução cultural diante do desenvolvimento social da Europa a partir de 1100 na Itália e na França. A tradição da Antigüidade só tinha atingido a Alemanha ocidental.

Na Alemanha central, os legados da civilização romana (do uso da escrita, ensino trivial e conceito de lei) apenas chegaram com as missões cristãs e com a administração imperial franca.

No quadro do Império Carolíngeo conhece-se uma dezena de leis bárbaras de origem costumeira.

Do século V ao IX os reis francos (imperadores desde 800 d.C.) submetiam sua autoridade a numerosos povos de origem germânica, colocando a legislação real (mais tarde imperial) e os direitos nacionais (*Volksrecht*), isto é, sobretudo consuetudinários, ao lado do direito romano e canônico.

Fases e influências do direito germânico anteriores ao Código Alemão de 1900

Vicente Rao (2005, p. 126-127) expõe didaticamente as fases do direito germânico anteriores à elaboração e promulgação do Código Civil em: a) *fase da autonomia* ou fase do direito costumeiro não escrito; b) *fase do direito costumeiro escrito* que se substituiu às leis bárbaras; c) *fase do Direito Romano, introduzido como direito escrito* pelos imperadores, documentada pelos *Landrecht de Wurtemberg* e da Bavária; d) *fase da reação* e volta aos costumes germânicos, segundo revelam os *Landrecht* de Nuremberg (1555), da Bavária (1616), da Prússia (1592) e as Constituições do Eleitor de Saxe (1592); e) fase da total unificação política, a partir da criação, em 1871, do Império da Alemanha.

Na chamada *fase da autonomia* ou *fase do direito costumeiro não escrito* que se substituiu às leis bárbaras, as diversas imunidades de jurisdição se verificavam no poder de legislar atribuído a cada senhor em suas terras, a cada cidade, a cada burgo, a cada comuna em seu território, a cada família nobre em sua casa.

Na Alta Idade Média verifica-se na Europa um movimento para a realização de compilações jurídicas influenciado pela ciência jurídica eclesiástica e profana (lei das *Siete Partidas*, por exemplo). Na Alemanha surge o *Sachenspiegel* (Espelho da Saxônia), redigido provavelmente entre 1220 e 1235 por Eike von Repgow, trazendo uma visão geral do Direito local saxônico e alemão e combinando traços medievais e germânicos. Essa obra compreendia duas partes: o *Landrecht* (descrevia o direito civil das regiões rurais) e o *Lehrecht* (recolha de direito feudal).

Repgow descreve de maneira aprofundada o direito consuetudinário da Saxônia, sobretudo da região da Vestfália. Retira poucos subsídios do Direito Romano e Canônico, relatando principalmente o que aprendeu com a experiência pessoal.

O *Sachenspiegel* foi muito difundido em toda a Alemanha desde meados do século XIII, sendo traduzido para os idiomas holandês e polaco. Vários manuscritos ilustrados com miniaturas forneciam um retrato da vida judiciária da Idade Média.

Franz Wieacker (2004, p. 109) explica que o *Sachenspiegel* provém da mesma cultura laica, da lata nobreza e da classe dos cavaleiros, a que se deve no tempo dos Hohenstauffen o florescimento da poesia em língua vulgar dos menestréis, da epopéia cavalheiresca e da epopéia heróica, que tão ligadas andam à tradição germânica e à imagem da Idade Média.

Gilissen (2003, p. 271) anota que outros *Rechtsbücher* (livros de direito) se inspiraram no *Sachenspiegel*, por exemplo, o *Deutschenspiegel* (adaptação escrita em alto alemão cerca de 1275) e o *Schwabenspiegel*, nome dado no século XVII a um *Kaiserliche Land – und Lehnrechtbuch* (*Kaiserrrecht*), escrito em Augsburg (1275), compreendendo também numerosos empréstimos ao direito consuetudinário bávaro, ao Direito Romano e ao Direito Canônico.

Ao tempo do surgimento do Império da Alemanha (1871), o território alemão estava submetido ao Código da Prússia (1794), ao Código Civil Francês, vigente na Prússia Renana, no Palatinado e em Hesse (renanos), no Ducado de Baden e na Alsácia-Lorena e ao direito comum alemão conjugado com os costumes locais, em vigor em Schleswig-Hollstein, em Hesse-Nassau e em outras regiões, e a códigos particulares, em uma parte da Bavária (1756), no Reino de Saxe (1865) e no Reino de Wurtemberg (1610).

Com a unificação política, uma lei de 12 de dezembro de 1873 atribuiu ao Império a competência para legislar em matéria civil.

4.2. O CÓDIGO CIVIL ALEMÃO

Wieacker (2004, p. 536) afirma que os trabalhos preparatórios do Código Civil ligam-se diretamente aos trabalhos da Liga Alemã. Inicialmente, em relação ao Direito Civil, a Constituição da Alemanha do Norte de 1867 e a versão original da Constituição de Bismarck previam a competência do Império para legislar restritamente em matéria de *direito das obrigações*.

Os liberais nacionalistas que constituíam o partido dominante no primeiro parlamento de 1871 alargaram a competência do Império também em matéria de direito imobiliário, direito de família e direito das associações. A competência do Império foi alargada ao conjunto do direito civil por meio de uma emenda do art. 4º, n. 13 (Lei Imperial de 20 de dezembro de 1873).

Sílvio Venosa (2007, p. 92) resume as questões políticas que motivaram a promulgação do Código Alemão ao sustentar que a criação do código foi conseqüência da instalação do império alemão, em 1871. Até então, o direito privado empregado na Alemanha era muito fracionado. Estava em vigor o chamado "direito comum", entre outros, apenas para algumas regiões, mas como complemento do Direito vigente. Por "direito comum" entendia-se o Direito Romano tardio, que chegara até a Alemanha por via da recepção já por nós mencionada, com a configuração que ganhara o *Corpus Juris* de Justiniano.

O termo Império Alemão designa a Alemanha desde a sua consolidação como Estado-nação (em janeiro de 1871) até à abdicação do Kaiser Guilherme II (em novembro de 1918), após a Primeira Guerra Mundial. A expressão Segundo Reich (segundo reino ou império) refere-se ao mesmo período histórico desse país.

A elaboração do projeto do Código Alemão

Em 1881 foi designada uma comissão para elaboração de um projeto em que dominava o vigor intelectual de Windscheid, e em 1887 publicava-se um primeiro projeto com cinco volumes de exposição de motivos.

O projeto de codificação foi duramente criticado pela complexidade da linguagem, excessos doutrinários e espantoso número de referências legislativas. A demora desse período de trabalho deve-se à forma extremamente minuciosa com que procedeu a comissão. Foram agrupadas primeiramente as disposições jurídicas vigentes nas diferentes regiões da Alemanha, com o objetivo de se fazer comparação e investigação mais aproveitáveis. No princípio de 1888, foi publicado um primeiro projeto, com o resumo de motivos da comissão. Tal projeto foi bastante criticado pela pouca atenção às necessidades sociais da época e por ser um trabalho de gabinete.

Uma segunda comissão foi criada em 1890 com a presença de dez membros permanentes e doze membros eventuais representantes do mundo da economia. Em 1895 foi publicado um segundo projeto, já mais completo, enviado logo em 1896 ao *Reichstag* como terceiro projeto após a inclusão de novas modificações. O novo projeto se diferenciava do primeiro em muitos pontos, mas não no estilo e no conjunto. Esse segundo projeto foi publicado juntamente com as atas da segunda comissão.

As modificações em plenário não foram imunes às influências das forças feudais (conservadoras e autoritárias) e das burocráticas. A gestação do Código Civil alemão durou treze anos e a indicação bibliográfica referente ao projeto totalizava cinqüenta e oito páginas.

Vicente Rao (2005, p. 127) lembra as dificuldades enfrentadas pelos trabalhos da comissão responsável pelo Código Alemão em relação aos juristas germânicos da chamada Escola Histórica, que se opunham ao projeto de codificação. Os debates foram longos e marcados por gigantesco esforço. Não só se acusava o projeto de estar impregnado de excessivo romanismo, como também os juristas germânicos se bipartiram em partidários de Thibault, que clamava pela codificação, e em partidários de Savigny que, criador da escola histórica, opunha-se à codificação. Os argumentos da Escola História pela não codificação não impediram, porém, os trabalhos da comissão. Venosa (2007, p. 93) lembra a importância histórica de Savigny (1779-1861) e de sua escola, aos quais a Alemanha deve o posto elevado que ocupa mundialmente na ciência do Direito. Savigny e seus discípulos conseguiram em pouco tempo restabelecer toda a importância do Direito Romano nas universidades alemãs. A realização do Código Civil alemão é uma grande vitória desse jurista e da chamada "Pandectística" alemã. Savigny estava convencido de que um bom Código Civil pressupõe uma bem elaborada doutrina do Direito, suficientemente madura, para sobrepujar as diferenças locais, e isso só se tornaria possível se fundado em princípios jusnaturalistas.

O *pandectismo* do século XIX

Apesar das oposições sofridas pela Pandectística alemã (o Digesto é igualmente conhecido pelo nome grego *Pandectas*), o esforço dessa escola proporcionou a elaboração de uma doutrina germânica unitária em relação aos fundamentos do Direito Romano. O *pandectismo* do século XIX aceitou expressamente o Direito Romano como elemento histórico e cultural insubstituível dos povos.

O ponto terminal da intensa atividade juscientífica do *pandectismo* foi o Código Civil Alemão (*Burgerlich Gesetzbuch*, publicado em 18 de agosto de 1896 e posto em vigor em 1900), traduzindo a conquista acabada de um esforço secular de aperfeiçoamento da Ciência do Direito. A difusão desse código ao longo do século XIX asseguraria um retorno a muitas soluções romanas.

Os *pandectistas* confeccionaram todo um sistema civil em que as proposições jurídicas singulares, os institutos, os princípios e as ordenações sistemáticas sofreram profundas remodelações.

As disposições do Código francês eram aplicadas ao Código alemão na medida em que se harmonizavam com esses direitos particulares. A influência mais sensivelmente percebida no Código alemão foi, na verdade, a dos direitos alemães regionais. A doutrina francesa, presa a uma exegese intensa do texto napoleônico, até os dias atuais não cessou de perder terreno em relação a ciência jurídica alemã, mergulhada num cenário de grande aprofundamento das ciências humanas e intenso pensamento filosófico.

Tendo em vista a adoção de princípios abstratos e generalizados, o direito germânico local até então vigente foi segregado da estrutura lógico-formal do Código Civil Alemão. Os elaboradores do Código abandonaram o método casuístico, optando por um diploma legal profissionalmente técnico e dirigido a juristas, o que possibilitou uma maior segurança jurídica.

A técnica da adoção de princípios abstratos revelou-se em aspectos positivos dentre os quais realça Wieacker (2004, p. 547): disciplina conceitual, clareza pedagógica, validade geral e coerência interna.

No campo da linguagem, o *alemão jurídico* do BGB promoveu uma certa germanização das expressões romanas e, por outro lado, foi bem sucedido ao exprimir no aspecto lingüístico a ética de uma objetividade desapaixonada.

Devido a suas qualidades formais, o Código Germânico foi adotado no Japão (o Código Civil Japonês é de 1898) e posteriormente na China (cujo Código Civil é de 1930).

O Código Alemão divide-se em duas partes: uma parte geral e outra especial. A parte geral compreende o direito das pessoas, dos bens e os negócios jurídicos, aplicando-se tais preceitos a todo o Direito Civil. A parte especial divide-se em quatro livros: direito das obrigações, direitos reais, direito de família e direito das sucessões. Concomitantemente, foi elaborada uma Lei de Introdução ao Código Civil, com normas referentes a direito internacional privado, disciplinando o relacionamento entre o Código Civil e as leis nacionais, o direito local e as disposições transitórias.

Fontes e repercussões do Código Germânico

As principais fontes do Código Germânico foram: o Direito Romano (como é ensinado na Pandectas de Windcheid), o Código Napoleão (1804), o Código Civil Austríaco (1812), o Código Federal suíço das Obrigações (1883), o Direto Prussiano, o ensaio de codificação conhecido como Projeto de Dresde (1866) e outros códigos regionais como os de Saxe, que consagravam o Direito Costumeiro.

Não há uma separação absoluta entre o Código Germânico e seu congênere francês no tocante à influência, em maior ou menor grau de penetração, do Direito Romano nesses diplomas legais

O BGB não expressou uma tendência social e politicamente unitária, mas a tentativa de equilíbrio entre vários sistemas de valores que não se tinham conseguido misturar na história social alemã do séc. XIX.

Predominando em alguns pontos um liberalismo mitigado ao lado de traços conservadores e autoritários, o espírito do Código alemão também deve ser entendido à luz da influência da situação social da época de seu surgimento, ou seja, a progressiva Revolução Industrial.

A ciência jurídica alemã do século XIX foi recepcionada no Brasil influenciando o pensamento dos juristas da *Escola do Recife* ou *Escola Alemã do Recife*, em especial os juristas mais expressivos da história do direito no Brasil, que tiveram papel decisivo na elaboração e crítica dos primeiros Projetos de Código Civil Brasileiro: *Teixeira de Freitas* (elaborou a primeira consolidação de leis civis brasileira e o primeiro esboço, sendo apontado como o maior codificador do Império), *Tobias Barreto* (divulgou e recepcionou a cultura e a ciência jurídica alemã no

Brasil), *Clóvis Bevilaqua* (autor do primeiro projeto aprovado de Código Civil Brasileiro) e *Rui Barbosa* (elaborador da primeira Constituição republicana do Brasil em 1891, crítico responsável pela alteração de mais de 186 modificações ao Projeto de codificação proposto por Bevilaqua).

4.3. A ESCOLA HISTÓRICA DO DIREITO

Afirmando que o verdadeiro Direito residia nos usos e costumes e na tradição do povo, surge a *Escola Histórica*. Para essa escola o legislador não cria o Direito, apenas traduz o Direito vivo em normas escritas.

John Gilissen (2003, p. 514) aponta o jurista Merlin como principal autor francês da Escola Histórica. Na sua doutrina, Merlin costumava expor longamente o antigo direito francês a fim de fundamentar o sentido das novas leis, além de defender que o costume teria a mesma força obrigatória da lei.

Entretanto, foi na Alemanha que a Escola Histórica teve seu apogeu: reagiu contra a influência francesa e, sobretudo contra a idéia de codificação. As faculdades de direito criadas por Guilherme I em 1816 em Gand, Lovaina e Liège sofreram forte influência da ciência jurídica alemã da época.

Friederich Carl von Savigny (1779-1861), representante da *Escola Histórica do Direito*, vislumbrava a codificação do direito como manifestação da livre consciência popular sob a forma do costume, colocando em plano secundário a vontade unilateral do legislador. Caberia ao legislador não a tarefa de *criar o direito*, mas essencialmente a missão de *traduzir o direito vivo em normas escritas*. Através das aspirações e necessidades históricas de cada povo se cria o direito em determinadas condições de tempo e lugar. As normas jurídicas fiéis ao espírito do direito costumeiro seriam válidas e eficazes quando estivessem em sintonia com as renovações político-sociais que ocorrem ao longo da história de cada nação.

A *Escola Histórica* surgiu em princípios do século XIX e seus defensores entendiam que o direito era um produto histórico, um fenômeno social, fruto da consciência popular, e não unicamente nascido da vontade arbitrária de um legislador. O direito deveria, portanto, ser investigado e estudado diretamente em suas origens históricas, daí defenderem eles um retorno ao estudo das origens históricas do Direito Romano (Rolim, 2000, p. 117-118).

A concepção de Savigny em relação à gênese dos sistemas jurídicos rejeitava a unilateralidade do legislador no processo de criação das normas, fundamentando uma concepção do direito entendido como resultado de uma gradual evolução histórica da consciência coletiva; nessa visão, os detentores do poder de legislar teriam em sua função legislativa um papel secundário, esclarecendo e demarcando os pontos obscuros dos costumes e modificando o direito em decorrência das variantes políticas e sociais ao longo do tempo.

Para Maria Helena Diniz (2005, p. 99), a contribuição do historicismo jurídico também se verifica no plano das conexões entre o direito e a história, bem como entre a ciência do direito e sua pesquisa histórica. A investigação científico-jurídica deveria reconhecer, uniformemente, o valor e a autonomia de cada época, com base em princípios da ciência histórica. Como a língua nacional pode assimilar palavras e expressões estrangeiras, nada obsta que o direito de um povo receba o de outro, por isso o direito alemão assimilou o direito romano, modificando-o pelo direito canônico e pelo direito consuetudinário local. Como há construções comuns a várias línguas, permitindo a gramática geral, há também institutos e normas jurídicas comuns a vários povos, possibilitando o direito comum e internacional.

A reunião de leis em códigos, apesar de apresentar muitas vantagens e proporcionar certeza e segurança jurídica, não deveria acontecer a fim de evitar a falsa idéia de que o direito aplicável seria o do Código, em prejuízo da aceitação do costume como verdadeira fonte do direito. Diante da reunião de leis em códigos teríamos um direito artificial que prejudicaria o natural desenvolvimento jurídico, um verdadeiro engessamento incompatível com as aspirações da nação.

A sistematização histórica proposta por Savigny (1779 – 1861)

Savigny combateu a proposta de elaboração de um Código Civil comum para toda a Alemanha, proposta que surgiu com o colorido da novidade trazida pelo Código de Napoleão na Europa. A substituição da lei pela convicção comum do povo (*Volkgeist*) como principal fonte do direito colocou em primeiro plano a sensação (*Empfdung*) e a intuição (*Aschaung*) imediatas. Conforme Maria Helena Diniz (2005, p. 99), Savigny estabelece o relacionamento primário da intuição do jurídico não em relação à norma genérica e abstrata, mas aos institutos de direito, que expressam relações vitais típicas e concretas. Portanto, os institutos seriam um conjunto vivo de elementos em constante desenvolvimento a serem extraídos pela norma jurídica num processo abstrativo e artificial.

A sistematização histórica proposta por Savigny acabou por priorizar o estudo das fontes históricas do direito, em especial as fontes romanas. O direito passa a ser visto como um conjunto sistemático de conceitos e proposições jurídicas em íntima conexão onde inexistiriam lacunas. A valorização do costume ocorrida com o historicismo concebe a manifestação espontânea do espírito nacional e o conhecimento científico do direito baseado numa concepção histórica da experiência jurídica. Os estudos eram baseados concebendo o direito como um objeto real, rebatendo a causalidade e o determinismo característicos das concepções jurídicas metafísicas.

O século XIX ganhou a investigação e a sistematização do Direito Romano com Savigny e o ramo romanístico da chamada Escola Histórica do Direito. É chamada "histórica" porque significa a primazia que para tal escola tem a investigação da história do Direito.

O estudo histórico do direito, como realidade jurídica, deve à *Escola Histórica do Direito* (quando passou a estudá-lo como uma realidade histórico-cultural) um grande passo para sua fundamentação como ciência autônoma em bases positivas, principalmente quando surge seu método próprio de pesquisa de natureza histórica.

Ao procurar dar caráter científico aos estudos jurídicos, a *Escola Histórica do Direito* chegou a criar a expressão *juris scientia* e personificou a figura imaginária do coletivo denominando-o *Volksgeist*. Acerca do método de natureza histórica empregado por essa doutrina, de forma bem direta, podemos sintetizar que o objetivo principal do método utilizado por aqueles estudiosos buscava a essência do direito dada pela história, ou seja, centrava-se na visão do direito como produto dos condicionamentos históricos. Com o historicismo as pesquisas e estudos doutrinários passaram a ser mais importantes do que a prática, marcando o aparecimento do chamado "direito dos professores".

Na sua dinâmica, apesar de a *Escola História do Direito* combater o dogmatismo das codificações, ao dar relevância a organização lógico-formal das fontes romanas acabou exaltando um sistema dogmático por excelência que contribuiu para o amadurecimento do Código Civil Alemão.

Puchta, Jhering e Windscheid, entre outros pesquisadores, continuaram a obra de Savigny. O estudo das fontes romanas se revela bastante útil, sendo o caráter universal do Direito Romano uma boa justificativa para a constante atualidade de seu estudo até hoje, principalmente nos países latinos, a exemplo do Brasil, onde o sistema romano se interpenetrou por razões de ordem histórica.

Nos Estados Unidos, onde prevalece o sistema jurídico denominado *Common Law*, também existe uma especial atenção aos estudos do Direito Romano nos dias de hoje. As regras mudam constantemente, mas as significações de seus termos podem ser historicamente reveladas fixando-se o seu sentido e harmonizando-as entre si, dentre outras contribuições proporcionadas pela metodologia de estudo centrada na visão histórica do direito.

Nos países de tradição romano-germânica a supremacia dos costumes em face do Direito escrito não prevalece atualmente. Os costumes estão na origem do Direito moderno, mas não superam a vantagem dos códigos e dos estatutos atualizados.

Capítulo 5

O Sistema Anglo-Americano

5.1. COMMON LAW

Do século I ao V a Inglaterra fez parte do Império Romano, mas não houve muita romanização em suas instituições. A partir do século VI, com as invasões dos povos Anglos, Saxões e Dinamarqueses, desenvolveram-se reinados germânicos e redigiam-se leis bárbaras em latim. No século XII os costumes eram a principal fonte do direito.

Desde o século XII os reis da Inglaterra impunham prematuramente sua autoridade sobre o conjunto do território do seu reino. Inicialmente o rei julgava no seu Tribunal, a *Curia regis*. A *curia* era dividida em seções especializadas por matéria, por exemplo, litígios fiscais, posse da terra, crimes contra a paz do reino etc. Um tribunal ambulatório, o *Kings's Bench*, seguia o rei nas suas deslocações.

Qualquer cidadão poderia pedir a justiça do rei: o Chanceler examinava o pedido e concedia uma ordem denominada *writ* (em latim: breve) a um xerife (agente local do rei) ou a um senhor para dar satisfação ao queixoso. Caso a ordem não fosse cumprida seria considerada desobediência a uma ordem real, mas o réu podia prestar informações aos Tribunais explicando as razões do não cumprimento da injunção recebida.

No século XII, principalmente no reinado de Henrique II (1154-1189), temos na Inglaterra um sistema dos *writs* em que, mediante pagamento, emitiam-se fórmulas rápidas e estereotipadas na solução dos conflitos, atraindo os litígios para as jurisdições reais. Os senhores feudais se opunham a esse sistema de *writs* até que pelo *Statute of*

Westminster II (1285) os interesses dos barões foram conciliados com os interesses reais.

Segundo Gilissen (2003, p. 210) o direito desenvolveu-se na Inglaterra desde o séc. XIII com base nesta lista de *writs*, isto é, a partir das ações judiciais sob a forma de ordens do rei. Em caso de litígio, era (e continua a ser) essencial encontrar o *writ* aplicável ao caso concreto; o processo é assim aqui mais importante que as regras do direito positivo: *remedies precede rights*. A *common law* elaborou-se com base num número limitado de formas processuais e não em regras relativas ao fundo do direito. É por isso que a estrutura da *common law* é fundamentalmente diferente da dos direitos dos países do continente europeu.

Nesta estrutura tornava-se quase impossível o recurso ao Direito Romano como fonte supletiva do direito. A *common law* foi criada pelos juízes dos Tribunais reais de Westminster através dos julgadores que se dedicavam aos estudos jurídicos sem, contudo, estudar o Direito Romano, como se fazia nas universidades da Europa.

Os *common lawyers* eram operadores da prática, sendo desnecessária a licenciatura universitária. As decisões eram registradas no *Year Books* desde 1290, e a partir do século XVI surgem as documentações impressas de jurisprudência, os *Law Reports*. Os juízes não desconsideravam totalmente as leis (muito numerosas nos séculos XIII e XIV), utilizando também compilações de direito, a exemplo da *De legibus et consuetudinibus regni Angliae* (1187).

A partir do século XII elaborou-se na Inglaterra um sistema jurídico formado pelas decisões das jurisdições reais. O sistema de caso, de origem britânica, manteve-se e desenvolveu-se até os dias atuais. Esse sistema penetrou na maioria dos países de língua inglesa: Austrália, Estados Unidos, Eire, Canadá (salvo a província de Quebec), Irlanda do Norte e Nova Zelândia.

Observa-se, porém, que nos tempos atuais o Direito dos Estados Unidos se distancia bastante do direito inglês, possuindo relativa autonomia dentro do próprio sistema. As diferenças existentes entre o direito inglês e o norte-americano devem-se a diversos fatores, sem se levar em conta a soberania nacional. A principal distinção está no fato de que nos E.U.A, existe um federalismo, há um direito federal e um direito dos Estados, o que por si só embasa grande diversidade de enfoque. Existe, porém, grande unidade na *Common Law*, que não concebe, no exemplo do civilista Sílvio Venosa (2007), uma *Common Law* para New Jersey e outra para New York. Há a tendência de ver a *Common Law* dos EUA como um direito da razão, um direito federal, em vez de um direito repartido entre os vários Estados. É certo que cada Estado possui sua autonomia, mas a *Common Law* deve ser encarada de maneira uniforme.

Além disso, muitas das normas da *common law* inglesa nunca foram introduzidas nos Estados Unidos.

A expressão *common law* é utilizada desde o século XIII para designar o direito comum da Inglaterra, por oposição aos costumes locais próprios de cada região, podendo ainda possuir vários significados: a) o direito anglo-americano em sua totalidade, como distinto do direito positivo de origem romana, chamado *civil law*; b) o elemento casuístico do direito anglo-americano, constituído pelos precedentes judiciais, para distingui-los das leis propriamente ditas; c) o direito das decisões e dos precedentes aplicados pelos clássicos tribunais ingleses, as *Common Law Courts*, e pelos modernos tribunais de igual categoria da Grã-Bretanha e dos Estados Unidos, em contraposição ao direito formado pela jurisprudência dos tribunais da *equity* (almirantado, direito marítimo, direito canônico etc.; d) o direito antigo, em contraste com o mais moderno, resultante da lei ou mesmo da jurisprudência.

Na *common law*, os costumes observados desde tempos imemoriais podem ter caráter geral (sendo aplicados em todas as jurisdições), ou caráter especial (quando imperam tão-somente em certas regiões).

Os direitos romanistas do continente foram chamados pelos ingleses de *civil law*. Nos Estados Unidos se fez perceber uma sutil recepção do Direito Romano. Até meados do século XIX, ainda não se sabia qual seria o resultado de uma luta travada entre os defensores da *Common Law* e da codificação de tradição romana. Acabou por triunfar o sistema da *Common Law*, com exceção do atual Estado da Louisiana, que foi convertido em Estado em 1812 e manteve a tradição francesa.

Na estrutura do Estado norte-americano, a distribuição de justiça é descentralizada, diferentemente da Inglaterra. Observando os limites constitucionais, o direito norte-americano atual é um direito de precedentes judiciais na esfera de jurisdições federais e estaduais, em que cada ente federado possui autonomia em suas estruturas judiciárias. Os advogados devem ser aprovados pelos respectivos Tribunais para exercer a prática forense em um Estado determinado.

Os países da *common law* sofreram influência da Escola Histórica. A *common law* é um sistema de legislações civis formado pelo direto anglo-americano e contém normas para resolução de qualquer caso.

Divisões do sistema anglo-americano

O sistema anglo-americano divide-se em direito comum (*common law*), direito estatutário (*statute law*) e direito-eqüidade (*equity*). Define-se como um direito elaborado por juízes (*judge made law*) em que a lei não desempenha papel fundamental em sua evolução.

Em sentido amplo, a *common law* denomina o conjunto de direito não escrito, em contraposição ao *statute law* (direito escrito). Em sentido estrito, a *common law* opõe-se ao *statute law* e também à *equity*.

O traço marcante da *common law* caracteriza-se por partir da Constituição como norma fundamental para a edição das demais normas infraconstitucionais.

Nos Estados Unidos, que têm como norma fundamental sua Carta Magna, a escala hierárquica das normas obrigatórias apresenta-se da seguinte forma: a) Constituição Federal; b) Leis e Atos Federais; c) Constituições, Leis e Atos Estaduais; d) Leis e Atos Municipais.

Vigente nos Estados Unidos e na Inglaterra, esse direito consta de leis, de normas declaradas (não elaboradas) nos precedentes judiciais e de princípios científicos aceitos como critérios fundamentais da jurisprudência que não poderiam ser modificados nem pelo legislador, nem pelo juiz.

Em cada decisão os juízes declaram proferir um julgamento semelhante ao proferido em outro caso do mesmo gênero (jurisprudência), qualificando-se a *common law* como um Direito Costumeiro declaradamente jurisprudencial.

A crescente relevância que se vem emprestando aos precedentes jurisprudenciais revela a influência da *common law*. A construção desse ordenamento jurídico é feita, portanto, pelas decisões dos juízes e tribunais.

A comparação de Zitscher (1994, p. 68) salienta os diferentes raciocínios presentes na aplicação do direito nos sistemas germânico e anglo-americano: o raciocínio da aplicação do direito no ordenamento jurídico alemão (como em todos os ordenamentos jurídicos da família romano-germânica) tem a norma como ponto de partida, enquanto o raciocínio inglês começa com o caso. Em princípio, e tradicionalmente, o raciocínio romano-germânico é dedutivo, o raciocínio da *common law* é indutivo.

O raciocínio dedutivo do sistema romano-germânico parte do geral para o particular enquanto na técnica da indução, presente no raciocínio da *common law*, o raciocínio vai do particular para o geral.

A tradição legal do Direito Positivo escrito ensinado de forma dedutiva é uma herança do Direito Romano caracterizada pelo primado do processo legislativo, com atribuição secundária às demais fontes do direito.

Nos Estados Unidos, a técnica de indução pode ser vislumbrada na metodologia de ensino das universidades. O estudo do Direito é o chamado *case method*, estudo de casos práticos, divergindo fundamentalmente de nosso sistema. O estudante deve ler previamente determinado número de decisões judiciais ou de artigos de interesse para a matéria, para depois expor e debater perante a classe os resultados de seu estudo. O professor fica com a missão de questionar os alunos sobre os pontos controvertidos.

Os julgados proferidos são arquivados nas Cortes e publicados em coletâneas (*reports*), adquirindo força obrigatória de regras de precedentes (*rules of precedents*), para reger casos futuros.

Nessa tecnologia jurídica de difícil compreensão têm-se inúmeros repositórios de jurisprudência, facilitando os estudos de caso e diminuindo as consultas dos operadores do direito aos incontáveis *reports*.

Entre as principais publicações de direito norte-americano destacam-se o *Century Digest* (reúne toda a jurisprudência Federal e

Estadual); os *Books of Citations* (permitem seguir o histórico de cada decisão ou julgado, através da seqüência dos demais casos de igual natureza) e as *Enciclopédias Jurídicas* (reúnem todo o Direito, inclusive o consuetudinário, em forma expositiva e ordem alfabética).

Apesar de se reconhecer a importância das reiteradas decisões dos tribunais, ainda assim os tribunais inferiores não estariam totalmente vinculados às decisões dos superiores, tampouco aos julgados de juízes em mesmo nível de hierarquia. Os juízes podem ainda mudar a orientação de suas novas decisões mesmo diante de casos semelhantes.

5.2. STATUTE LAW

A *statute law* (direito dos estatutos, ou seja, direito das leis promulgadas pelo legislador) desenvolveu-se à margem da *common law* e retomou, sobretudo no século XX, uma importância fundamental.

Nos séculos XVIII e XIX, depois da jurisprudência, a legislação ocupava papel secundário nas fontes do direito. Os *acts* ou *statutes* (leis) são vistos como uma exceção à *common law*, predominando uma interpretação literal e restritiva de seus conteúdos por parte dos juízes.

Num primeiro momento a função legislativa do parlamento inglês era bastante reduzida. Segundo Lopes (2002, p. 253), o procedimento parlamentar legislativo não diferia em substância da decisão judicial caso a caso, pois, no fundo o Parlamento não tinha a iniciativa, mas respondia a pedidos, solicitações e pressões.

É possível relacionar o desenvolvimento da *statute law* a alguns fatos históricos. Inicialmente a regra geral na Inglaterra era a privatização dos serviços nas mãos dos particulares e a ausência de uma burocracia organizada. Nem mesmo uma força policial inglesa havia sido organizada até meados de 1770. Gradualmente o modelo foi sendo modificado por um processo lento de reformas que buscavam um maior controle por parte do Estado mediante a estatização de várias funções de governo anteriormente nas mãos dos particulares.

O *Welfare State* e a base legalista dos direitos

O crescimento abundante da atividade legislativa inicia uma mudança no ponto de vista jurídico em relação a uma maior aceitação das leis que asseguravam uma maior intervenção do Estado no domínio econômico e social (*welfare-state*).

O *Welfare State* (Estado de Bem-estar Social ou Estado-providência) colocava o Estado como agente da promoção social e organizador da economia. Nesta atuação, o Estado é o agente regulamentador da vida social, política e econômica do país, aumentando consideravelmente a produção parlamentar.

Para resolver os problemas do *Welfare State* recorreu-se à base legalista dos direitos românicos do continente europeu. A legislação, na Inglaterra, conheceu um desenvolvimento notável no século XIX e principalmente no século XX. Por meio dos *statutes* de 1832-1833 e de 1873 1875 houve uma profunda reforma na organização judiciária e, conseqüentemente, no processo e nas relações entre a *common law* e a *equity*.

Abrangência do *statute law*

No âmbito da *statute* law, a Constituição Federal dos Estados Unidos promulgada em 1787 é sua lei fundamental e marca o ato de fundação daquele país. Inspirada no Direito Natural e recorrendo à idéia de contrato social, limitou os poderes reconhecidos às autoridades federais nas suas relações com os Estados e com os cidadãos.

Na Inglaterra, os antigos *statutes* só abrangiam um ou poucos casos teóricos; contudo, durante o último século e no atual, cresceu o número de *statutes* e também de áreas que cada um deles abrange. Aparecem, além disso, leis que consolidam as leis já promulgadas na mesma matéria (*consolidating statutes*) e outros que integram não só as antigas leis, mas também a jurisprudência na respectiva matéria (*codifying statutes*). Mesmo assim, não há um código – como os códigos romano-germânicos – que abranja um ramo inteiro do direito. Diminui-se no curso do tempo, consideravelmente, a quota de disposições por leis que se referem aos tribunais. Desta maneira, as novas leis, já quase como os ordenamentos jurídicos romano-germânicos, contêm muitas disposições que regulam situações que, não necessariamente, chegam aos tribunais.

A lei (*statute law*) constitui, em certo sentido, um direito especial que só disciplina, restritamente, as matérias que contempla. Entretanto, o legislador inglês não tem se utilizado da técnica das codificações que abrange, num único diploma, um ramo inteiro do direito, a exemplo dos códigos romano-germânicos.

No âmbito da *statute law* inglesa, encontramos leis prolixas e extensas. Zitscher (1994, p. 77) cita um exemplo impressionante de incorporação de uma Diretiva européia na área do direito de consumidor em que o legislador inglês, com base em cinco palavras da Diretiva, criou uma norma de 45 palavras sem acrescer algo substantivo ao conteúdo. A tarefa de projetar as leis encontra-se nas mãos de um grupo de especialistas. São *barristers* especializados, *Parliamentary Counsel*, que fazem todos os projetos de lei, cujo material eles recebem dos *solicitors* empregados nos departamentos de governo. Os *Parliamentary Counsel* empregam esse estilo, que não encontra muita simpatia entre os juízes, e o monopólio deles não é mais pacífico.

A elaboração da *statute law* pelos *Parliamentary Counsel*, além de acarretar um estilo prolixo das normas, também se destaca por trazer regras de interpretação (*interpretation clauses*) e, ainda, pela existência de uma lei da interpretação (*Interpretation Act*), que, na verdade, no ponto de vista de um jurista romano-germânico, seriam simples definições ou presunções trazidas pelo legislador.

5.3. EQUITY

Considerando a rigidez processual dos *writs*, a *common law* havia se tornado extremamente técnica no decurso dos séculos XIV e XV. Nessa fase a rotina judicial já não dava conta da solução de inúmeros litígios: é necessário reconsiderar as condições em que se desenvolveram as regras da *equity* no direito inglês. Quando o sistema da *common law* funcionava mal – ou porque os Tribunais Reais não podiam ser consultados, ou porque não podiam conceder a solução adequada solicitada por um pleiteante, ou porque não tinham meios para bem conduzir um processo, ou ainda porque chegavam a uma decisão contrária à eqüidade –, os particulares tinham, segundo as idéias da Idade Média, a possibilidade de pedir a intervenção do rei, fazendo apelo aos imperativos de sua consciência para que tomasse uma decisão que facilitasse o curso da justiça ou para que impusesse a solução exigida pela justiça. O direito não era um tabu. O rei, soberano justiceiro, devia assegurar a seus súditos a justiça; a sua intervenção era legítima nos casos em que a técnica do direito era defeituosa.

Essa intervenção do rei representava um modo de atenuar a rigidez das regras da *common law* e da *statute* law e, de certa forma, contribuía para facilitar a evolução do direito.

Ao lado da *common law* (considerada demasiadamente arcaica), a partir do século XV começa a se desenvolver um outro conjunto de regras jurídicas, as de *equity*, aplicadas pelas jurisdições do Chanceler. Mas, aos poucos, consubstanciou-se em regras (*rules of equity*), as quais, em virtude de sua constante aplicação pela jurisprudência e em virtude, ainda, do valor de precedente dos respectivos julgados, veio constituir um corpo de direito denominado direito-eqüidade.

O direito inglês conservou uma estrutura dualista até 1875, quando os dois sistemas foram mais ou menos fundidos numa reforma judiciária.

Um corpo de regras de eqüidade aplicado pelas Cortes de *Equity* resultou numa dinâmica procedimental mais ágil do que o sistema da *common law* aplicado nos Tribunais de Westminster: a distribuição da justiça era um privilégio do rei, que outorgava a tarefa de se fazer representar. Acentua Bianchi (2005, p. 56) que os Chanceleres (espécie de pretores modernos), esforçaram-se para introduzir novos princípios de moral e de justiça, com vistas a corrigir o direito então existente e a suprimir suas lacunas, que chegavam a intoleráveis situações de denegação da justiça ou à impossibilidade de se saber o direito aplicável.

Essa nova jurisdição trazia um novo processo em que o Chanceler julgava por eqüidade sem considerar as regras de processo da *common law*.

O processo aplicado pelo Chanceler era inspirado no Direito Canônico, e as decisões fundamentavam-se segundo princípios muitas vezes extraídos do Direito Romano.

Principais matérias da *equity*

No século XVI, por razões políticas, os reis da Inglaterra alargaram as jurisdições da *equity* em detrimento da *common law*.

No direito norte-americano, assim como se deu no direito inglês, a *equity* revelou-se um modo moralmente correto de solução dos conflitos, atenuando o rigor do direito comum.

Nos Estados Unidos a *equity* rege matérias específicas na parte não incidente do direito comum, conforme elenco ressaltado por Vicente Rao (2005, p. 137-140): patrimônios, seus titulares e proprietários legítimos constituídos de modo diverso ao direito comum; *trusts* (instituição desconhecida dos direitos romano-germânicos); hipotecas e demais garantias reais; cessão dos direitos e das expectativas de direitos; proteção dos bens e interesses dos incapazes; administração dos bens do espólio nas sucessões; substituição dos titulares ativos e passivos dos direitos (sub-rogação pessoal subjetiva); casos de caducidade de direitos e penas convencionais, isto é, as cláusulas contratuais que estipulam, para as infrações, a perda de direitos ou a obrigação do pagamento de multas (desde que o devedor cumpra a obrigação, a *equity* lhe confere ação para anular uma pena ou outra); caso fortuito, erro, fraude (denominação genérica abrangendo inclusive o dolo), bem como a lesão e a violência; aplicações do *estoppel*; fianças, para amparo da boa-fé das partes; sociedades em nome coletivo nas ações entre sócios ou destes com a sociedade e a compensação (*set-off*).

Dentre as matérias anteriormente especificadas, pela sua relevância, se faz necessário tecer breves comentários sobre o *trust* e sobre o *estoppel*.

O *trust* e o *estoppel*

Segundo David (2002, p. 397), o *trust* apóia-se, de forma geral, sobre o seguinte esquema: o constituinte do *trust* determina que certos bens sejam administrados por uma ou mais pessoas (*trustees*), no interesse de uma ou várias pessoas. Seu uso é comum na proteção dos incapazes, da mulher casada e na liquidação dos patrimônios hereditários; fundações e estabelecimentos de utilidade pública e operações internacionais (euro-emissões, eurocréditos, contratos petrolíferos etc.).

Instituição exclusiva do direito anglo-americano, o *estoppel* vem sendo empregado quando uma parte nega uma situação que representou como verdadeira anteriormente, desde que essa representação tenha direcionado o comportamento daquele que o invoca. Com o fim de manter a segurança jurídica, se a parte *estopped* negar o que representou, não será ouvida.

Esse sistema probatório aplica-se, em particular, ao autor de simulação dolosa ou culposa e às declarações prestadas perante os registros públicos ou atos públicos.

Conforme Bianchi (2005, p. 55), o *estoppel*, assim, consubstancia-se em uma regra de direito que visa impossibilitar alguém de afirmar ou negar algo conflitante com sua própria conduta anterior, coibindo um comportamento contraditório. Regra operante, precipuamente, no campo do direito das provas (*law of evidence*), como meio de defesa que se utiliza da via procedimental, evoluiu até ser considerada, pelo que se pôde observar do estudo de alguns ordenamentos, um princípio geral de direito, ainda que implícito, posto que não parece ter sido expresso em qualquer texto legal. Pelo fato de impedir o comportamento contraditório, de forma a presumir como verdade absoluta o que foi antes representado, foi duramente criticado pela doutrina ao longo da história, sob a alegação de que sua utilização impediria que a verdade real viesse à tona, muitas vezes prejudicando as partes.

No Direito Bretão, o *estoppel* possui duas formas: o *estoppel by res juidicata*, operante em matéria de decisões judiciárias, e o *estoppel by representation*, ainda em evolução, encontrado no domínio das declarações de vontade. Em ambas as formas seu feito é impor uma regra na qual uma presunção absoluta de veracidade se aplica a determinados pontos de fato ou de direito representados, contra os quais nada se pode provar.

Principais máximas da *equity*

A *equity*, espécie de direito suplementar à *common law*, baseia-se em uma série de máximas antigamente aplicadas pela *court of Chancery*, que, por sua vez, fazia parte da administração real.

Em sintonia com tratadistas americanos, é possível reduzir o direito-eqüidade a 12 (doze) máximas fundamentais: *1º) O Direito – Eqüidade não tolera agravo algum sem reparação; 2º) O Direito – Eqüidade aplica-se às pessoas e não às coisas. 3º) O Direito – Eqüidade presume já consumado aquilo que de futuro deve se realizar; 4º) O Direito – Eqüidade se atém mais à essência que à forma; 5º) O Direito – Eqüidade presume, em cada qual a intenção de cumprir a sua obrigação; 6º) A Igualdade é Eqüidade; 7º) O Direito – Eqüidade protege o diligente e não o negligente; 8º) Quem invoca a Eqüidade deve revelar uma consciência correta; 9º) Quem reclama a Eqüidade também com Eqüidade deve proceder; 10º) Quando os princípios da Eqüidade favorecem ambas as partes, prevalece, então, a Lei em sentido estrito; 11º) Se os preceitos do Direito – Eqüidade favorecem igualmente ambas às partes, dar-se-á preferência à primeira, em ordem de tempo; 12º) O Direito – Eqüidade deve respeitar a Lei.*

As matérias jurídicas disciplinadas na esfera da *equity* possuem remédios processuais próprios, a exemplo do mandado de injunção, e ações específicas conforme o direito em questão.

Capítulo 6

DIREITOS SOCIALISTAS

6.1. DO ANTIGO DIREITO RUSSO À FORMAÇÃO DO ESTADO SOVIÉTICO

O Império Russo pode ser considerado o maior império e maior estado nacional de todos os tempos em extensão territorial, tendo sido fundado no final do século XV, com a derrota dos tártaros na batalha do rio Ugra. Sua origem foi o principado de Moscou, que liderou o processo de formação do futuro Estado russo. Expandiu-se até ao Oceano Pacífico entre os séculos XVII e XIX.

Em sua fase originária, o Direito Russo era não-escrito, consuetudinário e variava de tribo para tribo. Os costumes da Rússia não foram imunes às influências da cristianização. Na fase antiga, ao lado do Direito Russo vigorava o Direito Bizantino adaptado às condições civis e religiosas do povo russo.

Encontramos na doutrina (David, 2002; Rao, 2005; Nascimento, 2003) a divisão do antigo Direito Russo em quatro fases que resumem suas principais características.

Fases do Direito Russo

a) *1ª Fase – Direito Escrito (Séculos XI e XIV).* Nessa fase percebe-se uma manifestação do direito escrito através do aparecimento de compilações com base nos costumes locais, de influência romano-canônica e feudal. Em geral essa sociedade poderia ser considerada mais evoluída que as tribos germânicas. O Estado de Kiev é criado por volta de 860 d.C., quando a tribo

Varegues, vinda aparentemente da Escandinávia, dirigida pelo seu chefe Riourik, estabeleceu seu domínio. Esse Estado durará até 1236, quando foi invadido pelos mongóis.

b) *2ª Fase – Domínio Mongol (de 1236 à 1480).* Ausência de influência do Direito dos dominadores sobre os dominados. Continua o Isolamento dos vizinhos ocidentais. Percebe-se uma incidência maior dos Direitos da Igreja de Roma. Moscou se eleva e sucede Kiev. Esse domínio se encerra apenas no reinado de Ivã III no ano de 1480, depois de uma guerra de libertação que durou cem anos. Como conseqüências políticas dessa fase sentidas até os dias atuais, René David (2002, p. 183) ressalta a elevação de Moscou sucedendo Kiev e o isolamento russo em relação ao Ocidente.

c) *3ª Fase – Início do Direito Czarista (de 1480 à 1689).* Mantém-se uma política de isolamento. A Rússia submete-se ao governo despótico dos czares. Ocorrem reformas na organização Judiciária (1497/1550) e aparecem compilações do direito laico e canônico (1649/1653). Em 1649 surge uma compilação de leis, porém, em 1748 foi impressa e publicada uma coletânea de leis civis, que recebeu de forma imprópria o nome Código Civil.

d) *4ª Fase – Ocidentalização do Direito Russo (1689 à 1917).* A Rússia retoma o contato com o ocidente, e Pedro, o Grande, promove a implantação de uma administração nos moldes ocidentais. Tem-se ainda pouca evolução do direito. Dois soberanos russos empreendem duas tentativas de codificação (Pedro I e Catarina II), mas fracassaram. Pedro, o Grande, mandou elaborar um *digesto geral* das leis russas somente concretizado pelo Imperador Nicolau I. *O corpo de leis do Império Russo* entrou em vigor em 1º de janeiro de 1835 reunindo mais de trinta e cinco mil leis. Os países anexados continuavam aplicando suas próprias leis civis. A compilação de 1832 (mais próxima ao Código da Prússia de 1794) tinha conteúdo eclético e casuístico.

Modernização do Direito Russo

O início do processo de modernização do Direito Russo com base no modelo Francês (*Svod Zakonov*) foi iniciado em princípios do século XIX com Alexandre I e seu ministro Speranski. Esse processo foi interrompido com a ruptura das relações com Bonaparte. Uma reativação do movimento de reforma legislativa se dá com a edição do Código Penal de 1855 (revisto em 1903). Esse período iniciado com o aparecimento de Pedro, o Grande (1689) termina com a revolução bolchevista de 1917.

Até a Revolução de 1917, considerando a falta de tradição jurídica e o entendimento de que a ordem jurídica não constituiria a base da sociedade, o desenvolvimento do direito russo foi insignificante em relação a tendência evolutiva da Europa.

O regime do czarismo russo

O *czarismo* era um regime ultrapassado que não conseguia solucionar os inúmeros problemas sociais do Império Russo no início do século XX. O imperador russo detinha um poder autocrático e praticamente inexistiam direitos políticos para a maioria do seu povo.

Na fase derradeira, antes da Revolução de 1917, a sociedade russa podia ser dividida em dois grupos: um grupo apoiando o *czarismo* (composto pela hierarquia militar, hierarquia eclesiástica, burocracia czarista e alta nobreza) e outro grupo que defendia reformas profundas (representado pelos camponeses, burgueses, proletariado e pequenos nobres).

Em 22 de Janeiro de 1905, milhares de trabalhadores fizeram uma manifestação diante do Palácio de Inverno do Czar e foram duramente reprimidos pela guarda imperial. Esse episódio ficou conhecido como o “Domingo Sangrento”.

Tentando minimizar o clima de tensões sociais, o Czar procurou dar ao seu regime uma aparência democrática, concedendo algumas liberdades civis, tais como o direito de voto e de organização sindical, e criando um parlamento, a Duma, composta por elementos da nobreza e por funcionários dependentes do Estado Czarista, que o governo facilmente manipulava.

A situação social agravou-se com a entrada da Rússia na Primeira Guerra Mundial, em 1914, culminando com a queda de Nicolau II, último czar da Rússia.

A base filosófica do regime que sucedeu o *czarismo* na Rússia foram as doutrinas de Karl Marx (1818-1883) e Frederich Engels (1820-1895) adaptadas por Lênin (1870-1924).

Entre os meses de fevereiro e outubro de 1917, a Rússia foi dirigida por governos provisórios que procuravam estabelecer um regime liberal democrático no modelo dos países ocidentais.

Os sovietes

Surge em S. Petersburgo um outro poder, o dos *sovietes*, conselhos populares formados por operários, camponeses e soldados, que contestavam as medidas do Governo Provisório, contribuindo decisivamente para criação um clima de verdadeira instabilidade política e social.

Em 4 de junho de 1917, início do Governo provisório de Kerensky, reuniu-se em Petrograd o primeiro congresso dos *Sovietes*, promovido pelo Partido Democrata Russo, então dividido em duas alas, a dos *mencheviques* e *bolcheviques*. Nesse primeiro congresso predominou a ala *menchevique*, mas, no subseqüente, reunido após o golpe de Estado de outubro, que entregou o poder às mãos de Lenine, os *bolcheviques* constituíram maioria. Constituído em poder *supremo do Estado*, este último congresso delegou as funções governamentais a um *Conselho de Comissários do Povo*, criado logo a seguir.

Fundada em 30 de dezembro de 1922 com a reunião dos países que formavam o antigo Império Russo, na Europa e na Ásia, a União das Repúblicas Socialistas Soviéticas – U.R.S.S. foi um país de proporções continentais, cobrindo praticamente um sexto das terras emersas do planeta.

Os soviéticos ao denominarem o novo Estado como União das Repúblicas Socialistas Soviéticas – U.R.S.S., evidenciaram sua forma de organização (o regime dos *sovietes*) e a ideologia a ser observada (socialista).

Nos anos iniciais, a organização da nova ordem política foi perturbada pelo clima de guerra e marcada por medidas radicais utilizadas na implantação do comunismo, a exemplo da nacionalização de terras e das indústrias, a supressão do antigo direito e dos tribunais.

A terra foi nacionalizada e os chamados *kolkozes* têm sobre ela um perpétuo direito de usufruto. O *kolkoz* é obrigado a cultivar ou explorar o solo concedido e fazer certas prestações para o Estado. A propriedade cooperativa dos *kolkozes* confere aos seus titulares prerrogativas e obrigações específicas.

É ainda mais diferente a propriedade estatal que vamos encontrar no domínio da agricultura com as fazendas do Estado (*sovkozes*) e no domínio da indústria. A propriedade socialista vai ter por objeto duas categorias de bens, cujo regime é inteiramente distinto: capital fixo e capital circulante ou, mais concretamente, o solo, os edifícios, as instalações e as máquinas por um lado, e, por outro, as matérias-primas e os produtos. O regime jurídico dessas duas categorias de bens é muito diferente, porque os primeiros destinam-se a permitir a produção (não podem ser, portanto, alienados), enquanto os segundos destinam-se, pelo contrário, a ser alienados.

É possível inferir com base na assertiva de René David que o titular da propriedade estatal seria o povo ou a nação, dos quais o Estado é provisoriamente o representante.

Os novos tribunais são compostos por um juiz permanentemente eleito e dois assessores não-permanentes, igualmente eleitos. Um decreto de 20 de julho de 1918 obriga os tribunais a julgar segundo os decretos do governo soviético, enquanto um outro decreto proíbe qualquer referência ao direito anterior à Revolução.

No início do ano de 1918, um terceiro congresso dos *sovietes* aprovou a *Declaração dos Direitos do Povo Trabalhador e Explorado,* transcrita na primeira parte da sobrevinda *Constituição da República Socialista Federativa dos Sovietes da Rússia* – R.S.F.S.R., datada de 10 de julho de 1918, que serviu depois de modelo para as repúblicas integrantes da Federação.

O texto constitucional inicial foi reformado em 1923 e revisto em 1925, não mais reproduzindo a *Declaração dos Direitos do Povo Trabalhador e Explorado.* Em 1936 houve mais uma reforma.

Nessa fase, a estrutura do Estado caracteriza-se por uma pirâmide de *sovietes* (conselhos) compostos por representantes eleitos; no topo, o *Congresso Pan-Russo dos Sovietes* e seu Comitê Executivo Central.

Na estrutura política inexiste a separação de poderes por ser considerada típica dos governos capitalistas. Na visão do *Comissariado do Povo para a Justiça* citada por Gilissen (2003, p. 232) encontramos que a concentração de poderes seria mais útil ao estabelecimento e implantação do socialismo na República Soviética.

A ditadura do proletariado

Na concepção doutrinária de Karl Marx, na fase de transição entre a revolução proletária e o desaparecimento da divisão das classes sociais na sociedade comunista, haveria uma espécie de *ditadura do proletariado* semelhante à *Comuna de Paris* (primeiro governo operário da história, fundado em 1871 na capital francesa), de caráter transitório.

Para os juristas soviéticos, o novo regime político implantado conservaria o caráter ditatorial até que fosse alcançada a nova superestrutura econômica, social e política, em toda sua plenitude.

Gilissen (2003, p. 221) afirma que Lênin fez uma profunda transformação na noção de *ditadura do proletariado* proposta por Marx: para Lênin não se trata de ditadura da maioria dos trabalhadores em relação à minoria formada pelas classes exploradoras, mas duma ditadura exercida em nome dos trabalhadores por uma minoria ativa de revolucionários profissionais reunidos no seio do partido *bolchevique.*

Segundo Lênin, a ditadura do proletariado seria uma "ditadura ilimitada, livre do embargo de qualquer lei e qualquer regra absoluta; poder que se apóia diretamente sobra a violência".

Em 1921, uma concepção mais realista entende o socialismo como etapa transitória para o comunismo. Principal teórico soviético das décadas de 1920 e 1930, Pasukanis (1989, p. 104) sustentava que a tomada do poder político pelo proletariado era a condição fundamental do socialismo. Mas a experiência mostrou que a produção e a distribuição organizadas e planificadas não podem substituir, imediatamente, da noite para o dia, as trocas mercantis e a ligação das diferentes unidades econômicas do mercado.

Pelo *princípio da legalidade socialista*, enquanto não fosse resolvida a tarefa de uma economia planificada única, enquanto perdurasse o vínculo do mercado entre as diferentes empresas e grupos de empresas, a forma jurídica igualmente perduraria, renunciando temporariamente à idéia de desaparecimento do Direito.

Durante o período da N.E.P. – Nova Política Econômica (1921-1925), são feitas permissões à propriedade privada ao mesmo tempo em que se estabelece um novo sistema jurídico instaurado pelos governantes como *princípio da legalidade socialista*, que implica a subordinação do direito à política de edificação do socialismo. Só o *Soviete Supremo da U.R.S.S.* pode determinar essa política e, em conseqüência, as regras jurídicas que se impõem a todos. O direito soviético não se liga pois a um fundamento moral ou a uma idéia de Direito Natural, mas ao fim político perseguido, a edificação do socialismo pela coletivização dos meios de produção.

A elaboração legislativa após o novo regime

O primeiro ensaio de codificação das leis civis soviéticas foi consubstanciado no *Regulamento dos Principais Direitos Patrimoniais Reconhecidos* na *R.S.F.S.R.*, garantidos *por suas Leis e Defendidos por seus Tribunais*, promulgado em 22 de maio de 1922, entrando em vigor em 1º de dezembro desse mesmo ano. Nesse regulamento havia previsão expressa para o governo elaborar projetos de códigos de leis civis, sendo nomeada uma comissão especial para esse fim em julho de 1922.

O primeiro projeto foi rejeitado. Os *bolcheviques* eram maioria e diziam que não havia no ensaio quase nenhuma alusão à revolução bolchevista e, sendo assim, "os burgueses poderiam encontrar nele a solução para as questões de seu interesse" (Rao, 2005, p. 146).

Um novo projeto foi concluído em 25 de outubro de 1922 e promulgado em 11 de novembro daquele ano sob protesto de muitos juristas soviéticos. A distribuição das matérias foi inspirada no modelo germânico, e o direito de família constituiu-se num código separado, promulgado em 1918 e posteriormente reformado.

A partir de 1926 abandonou-se a N.E.P., procedendo-se às reformas que objetivavam a coletivização no domínio econômico. Pela execução de planos qüinqüenais a autoridade estatal desenvolve-se em todos os domínios.

Na Constituição da U.R.S.S. de 1936 foram edificados um Estado e um direito socialistas pela supressão da luta de classes e colocação dos meios de produção à disposição da coletividade.

Percebe-se na Constituição de 1936 uma minimização no tocante às afirmações de destruição da burguesia e da formação de uma república mundial de trabalhadores, constante na Constituição de 1º de julho de 1918 e na posterior de 1923.

Na Constituição de 1977 verifica-se um centralismo democrático nas mãos do partido marxista-leninista: todos os órgãos do poder de Estado, da base ao topo, são eleitos e devem prestar contas da sua atividade ao povo.

Observando as Constituições podemos ainda elencar as principais tendências do Direito Soviético: abandono da Legislação Czarista; fundamentação na doutrina fundada por Marx e Engels (marxismo); inexistência de um Direito Privado; negação da propriedade privada e concentração dos meios de produção nas mãos da sociedade.

Essas tendências subordinavam o direito soviético ao sistema político-econômico de que fazia parte.

Outros países entraram na via do comunismo após a Segunda Guerra Mundial: Polônia, Tchecoslováquia, Hungria, Alemanha do Leste, Romênia, Bulgária, Albânia, Iugoslávia, China, Coréia do Norte, Vietnã, Camboja, Cuba, Argélia, Etiópia, Angola, Moçambique etc.

Para Nascimento (2003, p. 169), ao se desintegrar o império soviético, arrastando consigo o sistema socialista do bloco europeu, o *Manifesto* de Marx e Engels, acalentado por Lenine como realidade próxima e irreversível, não passou de utopia.

6.2. DIREITO E MARXISMO-LENINISMO

O marxismo é fundamentado no *materialismo histórico.* Nesta doutrina, o sentido da palavra *materialismo* significa que a matéria é o ponto de partida em toda a estrutura social; o termo *histórico* revela uma evolução constante no aperfeiçoamento das relações sociais obedecendo a leis semelhantes às das ciências naturais.

No entender de Valcir Gassen (2005, p. 122), a história para Marx e Engels não se prende à simples análise das idéias, das atitudes e mudanças que ocorrem com determinados governos, regimes políticos e Estados. Ela é um processo complexo da luta de classes, do desenvolvimento das forças produtivas, das relações de produção e das forças políticas de dominação. O lugar onde se "desenrola" a história não está restrito ao ambiente das elites, do governo ou do Estado, mas alcança a sociedade civil, aqui entendida num sentido amplo de relações sociais em que ocorre o processo de reprodução das condições materiais de existência.

Constituindo a existência material da sociedade, na base da estrutura social estariam as forças produtivas compreendidas pelo meio físico, pelos recursos naturais, pela produção econômica e pelo emprego de técnicas.

Na vida social os homens se inserem em relações de produção independentemente de suas vontades. Essas relações correspondem ao grau de desenvolvimento das forças produtivas que constituem a infra-estrutura econômica da sociedade na qual são edificadas a superestrutura jurídica e política.

Nesse aspecto, o direito é considerado uma superestrutura que depende da infra-estrutura econômica; permite a classe dominante manter a posse dos bens de produção e explorar a classe espoliada; o direito seria pois necessariamente injusto; deve desaparecer numa sociedade ideal, sem classes sociais.

A concepção marxista do Direito está delineada em *A crítica da filosofia do Estado de Hegel* e *A introdução crítica da filosofia do direito de Hegel,* de autoria de Karl Marx e no *Manifesto do partido comunista,* de Marx e Engels.

As relações de poder da infra-estrutura econômica são reproduzidas na vida social. É assim que o regime de produção condiciona os processos sociais, políticos, intelectuais e espirituais na vida material. O mundo material é transposto para o mundo das idéias do homem e a realidade social condiciona a consciência dos homens.

Em certa fase de seu desenvolvimento, as forças produtivas entram em choque com as relações de produção (infra-estrutura econômica). Posteriormente, essas forças evolutivas transformam-se em obstáculos impedindo seu próprio desenvolvimento, iniciando a revolução social.

É sobretudo num livro de Engels, *As origens da Família, da Propriedade e do Estado* que se encontra uma exposição sistemática da concepção marxista da evolução do direito e do Estado. Na origem da humanidade, não teria havido classes sociais, todos os homens eram iguais e dispunham livremente dos bens de produção; não havia então nem direito, nem Estado; mas alguns homens apoderaram-se dos meios de produção, em prejuízo dos outros; aparecem assim duas classes sociais, a dos *possidentes* e a dos explorados. Ao mesmo tempo aparece o direito, conjunto de regras de conduta impostas pela classe *possidente* para explorar a outra classe, regras impostas por coação no quadro de um Estado; o Estado é, pois, organizado pela classse possidente para assegurar o respeito das regras necessárias à opressão dos explorados. A maior parte da exposição de Engels baseia-se numa análise histórica do direito da antigüidade greco-romana e germânica (Gilissen, 2003, p. 223).

Inicialmente, segundo Engels, todos os indivíduos estavam na mesma posição social em relação aos bens de produção, inexistindo uma sociedade de classes.

Porém, com a divisão social do trabalho tem-se a propriedade privada, o Estado, a alienação da atividade social. Marx e Engels creditam à divisão do trabalho o surgimento das contradições. As contradições já estão presentes na divisão natural do trabalho, nas primitivas famílias, quando estas estão separadas, e a família é, em essência, o poder do homem sobre a mulher, os filhos, os escravos. A propriedade tem aí sua origem, ou seja, a escravatura no seio da família é a expressão dela.

A divisão do trabalho separou a sociedade primitiva em classes. Uma dessas classes apoderou-se dos meios de produção. É nesse momento que surge o direito e o Estado.

O direito e o Estado nem sempre existiram. O momento em que eles aparecem representa um salto dialético (David, 2002, p. 195).

O surgimento do direito e do Estado pela constituição de classes sociais seria a principal revolução da humanidade. A escravidão, o feudalismo e o capitalismo seriam uma série de estágios nas formas de exploração dos oprimidos resultantes da evolução das relações sociais.

Resumidamente, as formas de propriedade para Marx e Engels são: (1) propriedade tribal; (2) propriedade comunal e estatal antiga; (3) propriedade feudal, ou de Estados, ou de ordens sociais e (4) propriedade moderna burguesa. Considerando a época da escravatura, a do feudalismo ou a do capitalismo, observa-se nelas um fenômeno permanente: a exploração, por aqueles que possuem, daqueles que nada possuem.

A nova estrutura jurídica e política

Conforme Vicente Rao (2005, p. 148), da revolução social resulta que a superestrutura jurídica e política, que se assentava sobre a infra-estrutura econômica abalada em conseqüência daquele conflito, por sua vez cede e desaba, ora lentamente, ora violentamente.

Para interromper a exploração de uma classe social pela outra seria necessário suprimir a divisão de classes sociais abolindo a propriedade privada dos meios de produção. Em conseqüência da disposição dos meios de produção nas mãos da coletividade, em que cada indivíduo iria contribuir com seu trabalho para a comunidade na medida de suas possibilidades e a disposição dos bens fosse apenas para a satisfação de necessidades pessoais elementares, seria desnecessária a coação estatal, e o direito e o Estado desapareceriam naturalmente.

Entretanto, na implantação do marxismo-leninismo, demonstra-se que a propriedade privada não foi totalmente abolida na União Soviética tendo em vista a aceitação da idéia de *propriedade pessoal*. A propriedade privada foi assim rebatizada para mostrar que devia ser utilizada unicamente para a satisfação das necessidades do seu titular, segundo o destino de seu objeto, e não para dela obter uma renda, ou numa perspectiva de especulação.

Em países socialistas como a Iugoslávia, as pequenas empresas artesanais (com até cinco empregados), que fazem parte da pequena economia, poderiam ser objeto da *propriedade pessoal*.

O que inova na noção de *propriedade pessoal* na verdade é a impossibilidade de sua utilização com finalidade lucrativa. O art. 13 da Constituição Soviética de 1977 estabelece que os objetos de uso e de comodidade pessoais, os bens da economia doméstica auxiliar, uma residência e as economias provenientes do trabalho podiam ser de propriedade pessoal. Teoricamente, com o fim da propriedade privada não se poderia falar em alienação onerosa tendo em vista que só haveria propriedade estatal.

René David (2002, p. 198) salienta que o acréscimo da palavra *leninismo* identifica a linha de conduta a seguir no período que se estende desde a conquista do poder por um partido marxista até a realização de uma sociedade comunista.

Na doutrina marxista encontramos o postulado de que comunismo deveria ser precedido do socialismo, no qual a ditadura do proletariado seria assegurada, mas não havia previsão em que momento, local e contexto histórico as doutrinas de Marx e Engels seriam implantadas. Entre a sociedade capitalista e a comunista situa-se um período de transformação revolucionária correspondente a uma fase de transição política que não poderia conhecer forma de regime diversa da ditadura do proletariado.

Lênin identificava o Estado em geral como o Estado russo autocrático, cuja modernização, a partir de meados do século XIX, foi profundamente conservadora, contrariamente ao que ocorreu na Europa ocidental.

Assim como o Estado, o Direito seria uma formação característica da sociedade burguesa.

O leninismo, doutrina política, apoiou-se na obra científica de Marx e inovou numerosos pontos do marxismo científico inevitavelmente abstrato. Adotando o método dialético e a filosofia materialista do mundo, o leninismo veio a completar o marxismo.

O papel do direito nos países socialistas não seria necessariamente o de assegurar a ordem fornecendo um princípio de solução dos litígios. No Estado Soviético o direito poderia ser encarado como um conjunto de normas elaboradas livremente pela ditadura soviética e por ela coercitivamente impostas, para o fim de criar uma infra-estrutura econômica capaz de servir de base e de provocar uma superestrutura social e política, segundo os princípios do socialismo integral. Assim, o direito socialista, é antes de tudo um instrumento de transformação da sociedade objetivando a realização do comunismo, fora do qual inexistiria a verdadeira liberdade e igualdade.

O objetivo do direito confunde-se com o da política não apenas por se buscar leis capazes de transformar a organização econômica, mas também educar os cidadãos na negação do direito burguês que legitimava os interesses da classe capitalista.

Após a morte de Lenin, em 1924, iniciou-se uma luta pelo poder entre os líderes Trotsky e Stalin. Na U.R.S.S., enfatizou-se o fato de que Trotsky não entrara para o partido bolchevique antes de 1917, e os comunistas então aceitaram Stalin como a máxima autoridade do marxismo-leninismo.

No Stalinismo admitia-se a prevalência de uma ordem jurídica como expressão da vontade operária. Para o marxismo o Direito seria o meio de favorecimento de uma classe. Os críticos do *stalinismo,* especialmente os *trotskistas,* consideravam Stalin um contra-revolucionário que utilizava o marxismo-leninismo como pretexto para pretensões políticas pessoais. Trotsky retirava a importância do papel dos trabalhadores nos países capitalistas avançados, a exemplo dos Estados Unidos, pois considerava que o Estado do bem-estar e o imperialismo dos países capitalistas dificultavam o surgimento das revoluções.

Na década de 1960 as modalidades da passagem gradual da revolução proletária ao comunismo integral foram objeto do *comunismo científico* – ramo do marxismo-leninismo. Durante as fases transitórias sucessivas o Estado e o direito subsistem com o único objetivo de realizar a sociedade comunista. Observa Gilissen (2003, p. 221) que, baseados primeiro na ditadura do proletariado e posteriormente na vontade do povo, o Estado e o direito são designados socialistas, aguardando sua própria extinção.

Baseada na ciência, a sociedade soviética representaria um tipo superior e mais avançado de ordem social em relação às sociedades burguesas. Os Estados capitalistas representariam um perigo constante para a aldeia global que considerava as desigualdades sociais um aspecto típico de suas estruturas, afora o temor das empreitadas de colonialismo e imperialismo.

Após a década de 60, ainda que não se tenha produzido uma *teoria geral marxista do direito*, percebe-se entre as numerosas obras de inspiração marxista diferentes pontos de vista doutrinários.

Com Holloway e S. Piccioto, pelo viés de Pasukanis, a natureza das relações capitalistas de produção serve de base para a compreensão do Estado e do Direito: a sociedade capitalista é antes de tudo uma sociedade de proprietários de mercadorias. Isso significa que nas relações sociais dos homens no processo de produção há uma forma coisificada nos produtos do trabalho que se apresentam uns em relação aos outros como valores.

Os postulados do marxismo inferem algumas conclusões:

a) O capital e a propriedade privada que dele decorre são resultado da exploração dos trabalhadores.
b) O choque entre as relações de produção se manifesta por meio da luta de classes, também concebida como um veículo de libertação da classe explorada.
c) A luta de classes deve terminar pela revolução violenta que colocará os meios de produção nas mãos do proletariado, buscando a obtenção do socialismo integral.
d) Vencendo a revolução, surgirá uma nova infra-estrutura econômica afetando o trabalho, a distribuição de recursos e o consumo. Do fruto do trabalho não haverá lucro, apenas o indispensável para as necessidades sociais, a manutenção dos instrumentos de trabalho, a administração pública e a assistência aos trabalhadores.
e) A nova organização econômica será completada por uma organização social destinada ao bem-estar dos trabalhadores, valendo-se do progresso científico e tecnológico para obter-se um máximo rendimento do trabalho com o mínimo esforço. O tempo ideal da jornada diária de trabalho seria de no máximo duas horas.
f) Na cúpula da nova estrutura política a unidade de execução ficaria assegurada por um poder político equivalente à democracia absoluta, completada pelo internacionalismo, que buscará

a fraternidade entre os povos através da implantação universal do regime comunista.

g) O indivíduo ficará integrado sem restrições à comunidade, inexistindo lugar para forças sociais ou espirituais, salvo as integrantes da nova ordem econômica, social e política.

A recepção do marxismo-leninismo

O marxismo-leninismo também influenciou os regimes jurídicos de outros países:

a) Na Bulgária, Hungria e Polônia o socialismo foi implantado mas não se aboliu o comércio privado.
b) Na China, com Mao-Tsé-Tung (1949), a implantação do comunismo trouxe a revogação de Leis e a supressão de órgãos da Justiça.
c) Na Albânia quase todos os juízes não são juristas, suprimindo-se os advogados em 1970 (mas existe uma organização de assistência judiciária).
d) Em Cuba (que em 1898 se tornou independente da Espanha), na tomada de poder por Fidel Castro (1959) instaurou-se um regime político semelhante ao da U.R.S.S. Em 15 de fevereiro de 1976 foi aprovada a Constituição Socialista e a primeira Assembléia Nacional foi constituída em 2 de dezembro daquele ano, elegendo o Conselho de Estado e sua Presidência. O ditador cubano anunciou sua renúncia em 19 de fevereiro de 2008, após 49 anos à frente do poder, abrindo caminho para que seu irmão Raúl Castro programasse reformas no país. Algumas fórmulas utilizadas em outros países comunistas foram recepcionadas em Cuba, mas outras foram invenções genuinamente cubanas, como os Comitês de Defesa da Revolução – os "olhos e ouvidos" do regime –, criados na década de 1960 para vigiar os movimentos dos cidadãos em cada região. O cubano Fidel Castro entra na história como o líder no poder mais antigo do Ocidente, superado pela rainha Elizabeth II, tendo criado em Cuba um sistema único no mundo, conhecido como

"comunismo caribenho", inspirado em Marx e Lênin, com o legado de José Martí, sistema que resistiu até mesmo à queda do bloco soviético.

6.3. A *PERESTROIKA*

No regime soviético tudo era tarefa do Estado. Os anos do marxismo-leninismo ocasionaram dificuldades sérias de adaptação à ordem de liberdade econômica e política.

Com a morte de Konstantin Chernenko em 1985, Mikhail Gorbachev assume a liderança política da União Soviética, buscando reformar o Partido Comunista (que demonstrava sinais de decadência) ao apresentar seu projeto político (apresentado no 27º Congresso do Partido Comunista Soviético em fevereiro de 1986) resumido nas expressões *glasnost* (transparência) e *perestroika* (reestruturação).

O Partido Comunista (apoiado no legado de Marx, Engels e Lênin) desenvolvia de maneira crítica as idéias socialistas adequadas ao momento.

A *Perestroika* foi uma reforma do sistema político e financeiro da União Soviética proposta inicialmente por Leonid Brezhnev (1906-1982) em 1979 e realizada por Mikhail Gorbachev, último secretário-geral do Comitê Central do Partido Comunista da União Soviética, no período de 1985 a 1991.

Antes do governo Gorbachev, o Soviete Supremo seguia uma estrutura piramidal, executando e votando os mandamentos do executivo soviético até sua transformação, quando ocorreu o processo de divisão entre Estado e Governo.

As tentativas de reforma de Gorbachev e o cumprimento de uma intensa agenda diplomática internacional conduziram ao final da Guerra Fria e, ainda que não houvesse esse objetivo, terminou a supremacia do Partido Comunista, o que acabou provocando o fim da própria União Soviética, dissolvida oficialmente em 26 de dezembro de 1991.

Em 1988, Gorbachev anunciou que a União Soviética abandonava oficialmente a *Doutrina Brejnev* (que pregava a interferência de um Estado socialista em assuntos de outro Estado para preservação do socialismo), ao admitir que a Europa de Leste adotasse regimes democráticos, se desejasse.

Após o fim da *Doutrina Brejnev*, em 1989, ocorreram várias revoluções nos países do leste europeu. Sucessivos conflitos ocorreram entre 1989-1990 na Polônia, na Hungria e na Tchecoslováquia através dos quais o Comunismo entrou em colapso. Na mesma época, deu-se a queda do muro de Berlim (1989), e as duas Alemanhas, capitalista e comunista, se reunificariam.

Na Guerra Fria a U.R.S.S. comunista bipolarizava o contexto global com os Estados Unidos capitalista, contribuindo para tensões nas relações estratégicas e geopolíticas mundiais.

Desde a desintegração da U.R.S.S. – e o conseqüente declínio do poder externo e da base econômica interna da Rússia – percebe-se a tendência de retorno ao *privatismo capitalista* (a exemplo da presença do capitalismo na China atualmente). Surge um novo enquadramento internacional caracterizado por uma maior fragmentação geopolítica, destacando-se o fim da importância estratégica central do continente europeu e a emergência de novas potências mundiais.

Capítulo 7
DIREITO CANÔNICO

7.1. ANTECEDENTES HISTÓRICOS DO DIREITO CANÔNICO

Na opinião de John Gilissen (2003, p. 134), qualquer estudo histórico do direito na Europa estaria incompleto se não englobasse um esboço da evolução do direito canônico. Para o autor, a Igreja desempenhou um papel muito importante na sociedade medieval.

O direito canônico foi o único escrito na maior parte da Idade Média, foi objeto de vários trabalhos doutrinais, penetrou em assuntos de direito privado e, desde os primórdios da Igreja, o cristianismo coloca-se como única religião verdadeira para a universalidade dos homens.

Fazendo uma digressão histórica, tem-se o fortalecimento da autoridade da Igreja pela legalização do catolicismo a partir de 313 d.C, com o imperador Constantino. A partir de 313, Constantino favoreceu o desenvolvimento da jurisdição episcopal. Permitiu às partes submeterem-se voluntariamente à decisão de seu bispo, isto é, *inter volentes,* dando à decisão episcopal o mesmo valor da decisão de um julgamento. Em matéria penal, os imperadores romanos reconheceram, no séculos IV e V, a competência dos bispos para todas as infrações puramente religiosas ou espirituais [...] Em relação aos clérigos (isto é, aos eclesiásticos: padres, bispos etc.), aparece no século V o *privilegium fori* , o "privilégio de foro" ou de "clarezia", em virtude do qual estes só podem ser julgados em quaisquer matérias, penais ou civis (com reserva de algumas exceções), pelos tribunais da Igreja. Esta regra, inicialmente limitada, foi ampliada nos séculos

VI e VII e permaneceu em vigor durante toda a Idade Média.

Na época Carolíngea, os tribunais eclesiásticos tornaram-se os únicos competentes em matéria de casamento. Posteriormente, matérias conexas ao casamento entraram na competência jurisdicional da Igreja: legitimidade dos filhos, divórcio, ruptura de esponsais, rapto, dentre outros assuntos.

Após o fim do Império Romano, a Igreja se afirma como autoridade religiosa pelo estabelecimento de relações sociais e econômicas de caráter feudal.

Para Tigar e Levy (1978, p. 43), a Igreja foi uma força onipresente no desenvolvimento financeiro e jurídico da Europa: defendia o feudalismo, auxiliava a repressão das revoltas camponesas e perseguia os defensores de uma Igreja comunal, apostólica.

Latifundiária, a Igreja participava como grande senhor feudal com suas extensões de terra em toda a Europa durante o período medieval. No século V, a Igreja Católica inicia um trabalho de cristianização da Europa grandemente dominada pelos povos orientais. Todas as universidades eram, até o século XVI, instituições eclesiásticas.

No processo de unificação da fé cristã na Europa, além do trabalho dos grandes missionários, Rogério Dultra dos Santos (2005, p. 177) aponta a implantação de mosteiros como braços avançados de propagação da fé e controle econômico-social.

Nos séculos X a XIV o enfraquecimento do poder real pelo feudalismo repercutiu negativamente nas jurisdições laicas, e a Igreja atingia seu apogeu na maior parte da Europa. Nessa fase os tribunais eclesiásticos julgavam as causas envolvendo clérigos, cruzados, membros de universidades (professores e estudantes), viúvas e órfãos (quando pediam a proteção da Igreja).

O privilégio de foro era absoluto para os clérigos, e os tribunais laicos deveriam declarar-se incompetentes nas causas em que fossem parte. Havia muitas divergências entre tribunais eclesiásticos e os laicos envolvendo competência.

Determinadas matérias penais e civis seriam processadas e julgadas nos tribunais eclesiásticos independentemente de a pessoa ser clériga. Em matéria penal: a) infrações religiosas (heresia, sacrilégio e feitiçaria, por exemplo); b) infrações que atentassem contra as regras canônicas (adultério, empréstimo a juros). Essas matérias também podiam ser julgadas na jurisdição laica. Em matéria civil: a) benefícios eclesiásticos; b) casamento e matérias conexas; c) testamentos (quando a parte beneficiária fosse uma instituição eclesiástica); d) inexecução de promessas feitas sob juramento.

No aspecto instrumental, no cível o processo era essencialmente escrito. No domínio penal, o processo permaneceu por muito tempo dependente de queixa, mas no final do século XII apareceu o procedimento inquisitorial (ordenado por um juiz desde que ele tivesse conhecimento de uma infração), muito utilizado pelo Santo Ofício no combate às heresias.

Apenas o Direito Canônico e o Romano gozaram das honras do ensino universitário durante a Idade Média.

A partir do século XVI a influência do direito canônico passa a ficar cada vez mais limitada às questões religiosas da Igreja. Numerosos países deixaram de estar sob a obediência de Roma, e mesmo nos Estados católicos rejeita-se a participação política e jurídica da Igreja. Nos séculos XIX e XX os tribunais eclesiásticos conservaram competência restrita a determinados assuntos e matérias disciplinares da Igreja. Para os católicos, a anulação do casamento religioso continua sendo dirigida apenas aos tribunais eclesiásticos.

O *Codex Juris Canonici* (1917) reúne o Direito Canônico Moderno. A aplicação simultânea do Direito Romano e Canônico originou o chamado *direito comum europeu*, preparando os Códigos Civis na Idade Moderna (Corrêa, 2003, p. 81).

7.2. A INQUISIÇÃO E O PROCESSO INQUISITORIAL

A Inquisição Medieval consistia na identificação, julgamento e condenação de indivíduos suspeitos de heresias. O termo heresia abrangia as atividades ou manifestações contrárias ao que havia sido determinado pela Igreja em matéria de fé.

Na qualificação de hereges havia os mouros, os judeus, os cátaros e os albigenses no sul da França, bem como os supostos praticantes de bruxaria (Naspolini, 2005, p. 189).

A competência dos tribunais eclesiásticos foi alargada na Idade Média, sendo aperfeiçoada nos séculos XIII e XIV. A jurisdição eclesiástica atuava em matéria civil, penal e notarial.

O Papa Gregório IX criou, em 1232, um tribunal de exceção, o Santo Ofício, confiado aos Dominicanos, chamado em geral Inquisição, para atuar na luta contra a heresia (Gilissen, 2003, p. 384).

Elementos da organização judiciária atual tiveram origem na organização dos tribunais eclesiásticos medievais a exemplo da figura do escrivão, do promotor (papel equivalente do Ministério Público nas ações penais), do advogado, dos notários, dentre outros. Os recursos eram admitidos do bispo para o arcebispo e deste para o Papa.

A Inquisição nunca foi um tribunal meramente eclesiástico; sempre teve a participação de vulto crescente do poder real, pois os assuntos religiosos eram, na Antigüidade e na Idade Média, assuntos de interesse do Estado; a repressão das heresias era praticada também pelo braço secular, que muitas vezes abusou da autoridade. Quanto mais o tempo passava, mais o poder régio se ingeria no tribunal da Inquisição, servindo-se da religião para fins políticos.

Aos dominicanos confiaram-se as tarefas inquisitoriais devido a sua missão espiritual de combate ao erro pela verdade e pobreza de vida. A bula *Excommunicanibus*, de iniciativa do Papa Gregório IX, determinava o procedimento dos inquisidores oficiais e profissionais.

Haveria no tribunal inquisitorial dois juízes locais nomeados pelo papa. Deveriam ser obtidos os depoimentos uniformes de duas testemunhas resguardadas pelo anonimato, sob juramento, sem poderem ser contraditadas diretamente.

Em 1252, com a Bula do Papa Inocêncio IV, permitiu-se o uso da tortura para obter-se a confissão do suspeito de bruxaria e heresia. O emprego da tortura como meio de obter a confissão, ou informação de uma pessoa acusada, ou ainda de uma testemunha recalcitrante, ressurgiu na Europa do século XIII não como uma inovação, mas como uma restauração, dado o fato de ter sido amplamente aplicado na Antigüidade e início da Idade Média.

A Inquisição Medieval formou uma literatura especializada: Bernardo Gui (1261-1331), dominicano e inquisidor, redigiu um

Manual do Inquisidor; Francisco Ximenes de Cisneiros (séc. XV-XVI) foi autor da obra *Practica Inqisitionis Heretice Parvitatis*, havendo também o *Regimento Geral da forma de proceder contra os hereges*, fixado em Béziers, após o Concílio Geral de Lião (Lopes, 2002, p. 108).

O Manual dos Inquisidores (1376), denominado *Directorium Inquisitorum*, de autoria do inquisidor Frei Nicolau Eymerich, trazia conceitos, normas processuais, termos e modelos de sentença a serem observados pelos inquisidores.

Conforme a prática atestada no Manual dos Inquisidores de Eymerich, o inquisidor poderia exigir oficialmente a colaboração das autoridades civis durante a realização do processo inquisitorial: "poderá exigir que as autoridades civis façam o juramento de defender a igreja da perversidade herética e de proteger o inquisidor durante o exercício das suas funções. Ele intimará as autoridades civis a comparecer mediante uma carta" (Bueno, 2006).

Além da possibilidade de colaboração das autoridades não-eclesiásticas, o *Directorium Inquisitorum* mencionava em seu texto uma espécie de enumeração exemplificativa de quem poderia ser considerado herege pela inquisição. Assim, chamam-se hereges pertinazes e impenitentes aqueles que interpelados pelos juízes, convencidos de erro contra a fé, intimados a confessar e a abjurar, mesmo assim não querem aceitar e preferem se agarrar obstinadamente aos seus erros. Estes devem ser entregues ao braço secular para serem executados. Também é herege quem pratica ações que justifiquem forte suspeita (circuncidar-se, passar para o Islamismo), quem for citado pela inquisição para comparecer e não comparecer, recebendo a excomunhão por um ano inteiro, quem não cumprir a pena canônica, se foi condenado pela inquisição, quem recair numa determinada heresia da qual abjurou ou em qualquer outra, desde que tenha abjurado, quem, doente mental ou saudável – pouco importa – tiver solicitado o "consolamento".

De modo geral a relação prevista no *Directorium Inquisitorum* rotula de heréticos aqueles que negam a Igreja e sua doutrina, revelando o caráter intolerante do Tribunal do Santo Ofício.

Destaca-se dentre as práticas heréticas proibidas pelo manual a *cerimônia do consolamento,* utilizada pelos cátaros, que consistia na oração do Pai Nosso; reposição da veste (preta no início, depois azul), substituída por um cordão no tempo da inquisição. Tocava-se a cabeça do iniciante com o Evangelho de São João, e o ritual terminava com o beijo da paz.

O sistema inquisitorial envolvendo inquéritos administrativos relacionados a disputas de terras já era conhecido dos normandos, pelo *Doomsday Book* (1085), de Guilherme I e, em Portugal, pelas inquirições mandadas fazer por D. Afonso III (1258). O mesmo ocorreu mais tarde na França.

Diferentemente de uma guerra particular ou mesmo de um duelo, o método de *formulação de perguntas* do processo inquisitorial foi entendido por Michel Foucault (1996, p. 54 e s.) como manifestação de uma nova fórmula de poder. Tornando-se uma bem sucedida técnica de poder e administração, a origem do inquérito (como modelo judicial e jurídico) teria, portanto, origem religiosa e administrativa (estatal).

Como destacados por Foucault (1996), esses novos inquéritos significaram o surgimento de um investigador e acusador oficial representado pelo Estado. Em sua diocese, todo Bispo era um inquisidor ordinário e, quando descobria alguma coisa, repassava o caso a um inquisidor especial. Os processos se iniciavam independentemente de provocação da parte ofendida, sendo suficiente apenas a ocorrência da infração (pecado ou crime contra a paz do rei).

Conduzida por legados do Papa, a Inquisição Medieval funcionava como tribunal de exceção. Na presença do inquisidor papal (munido de mandado especial de Roma) cessava a jurisdição ordinária do Bispo em matéria de heresias.

Passaram a coexistir três jurisdições penais: a central, exercida pelos juízes do rei; a local, de cidades ou, conforme o país, de regiões mais ou menos extensas; a eclesiástica, restrita às questões que importavam à Igreja.

A atuação simultânea do Estado e do clero gerava conflitos de competência geralmente solucionados pela regra da prevenção que resguardava a competência do tribunal que iniciava a causa, ou delegava-se a competência ao tribunal inquisitorial nos casos de heresia e bruxaria. O clero produzia a doutrina que fundamentava a atuação condenatória do Estado, auxiliava na identificação de bruxas e na obtenção de provas.

Sob influência da Igreja, todo um sistema de direito penal (o acusatório) foi alterado para que as heresias e bruxarias fossem eficazmente combatidas (Naspolini, 2005, p. 188).

O processo abria-se de ofício pelo inquisidor, degenerando o caráter contraditório dos procedimentos, visto que no modelo inquisitorial uma mesma pessoa investiga, acusa e julga.

A primeira grande mudança, explica Salo de Carvalho (2005, p. 204), ocorreu no processo penal. Modificando o procedimento acusatório utilizado até o século XIII e, sendo o direito romano reinstaurado pelos estudiosos da época – a Universidade de Bolonha ressuscitou o *Corpus Juris Civilis* de Justiniano no século XII, a Igreja instigou a formalização e mudança processual para o modelo inquisitório. Dentre as principais características, temos: a) as denúncias eram públicas e restritas somente à vítima ou à sua família; b) a responsabilidade do acusador foi eliminada, bem como a necessidade de identidade; c) para a condenação eram necessárias provas conclusivas de culpabilidade; d) redimensionou-se o uso da tortura para obtenção de confissões e co-autores.

Considera-se a Inquisição uma operação necessariamente judicial, variando a estatística das heresias conforme as áreas geográficas. A falta de registros e documentos dos processos inquisitoriais impossibilita um levantamento seguro do número de julgamentos e execuções ocorridas. Dentre as áreas de maior concentração dos processos inquisitoriais temos as áreas germânicas pertencentes ao Sacro Império Romano; a outra metade dividiu-se entre os territórios que hoje correspondem a Itália, França, Suíça, Polônia, Portugal e Espanha.

A grande cruzada religiosa da Igreja Católica contra os hereges (séculos XII e XIII), a denominada Inquisição Medieval, também é sinônimo da grande *caça às bruxas e hereges* dos séculos XV e XVII em toda a Europa Ocidental e suas colônias.

A primeira inquisição canônica (Inquisição Medieval) não é idêntica, no que diz respeito à matéria e aos interesses políticos que a sustentam, à segunda inquisição (Inquisição Moderna), particularmente a inquisição ibérica do século XVI.

Para Lopes (2002, p. 106-107), a Inquisição Medieval tem origem nos decretos papais de 1184. No reinado de Inocêncio III (1198-1216) desencadearam-se as primeiras guerras contra os hereges, verdadeiras cruzadas do Ocidente, com apoio de Frederico II. Esses hereges eram grupos de cátaros (puros, em grego) ou albigenses, do sul da França.

Até a Alta Idade Média a autoridade eclesiástica não procedia contra os delitos se estes não fossem denunciados, porém, essa inércia modificou-se no decorrer dos tempos. No séc. XI surge na Europa uma heresia denominada catarismo (do grego katharós, puro) ou o movimento dos albigenses (de Albi, cidade da França meridional, principal foco dos hereges).

O catarismo foi uma seita cristã da Idade Média, surgida ao final do século XI, no Limousin (França), duramente combatida pela Inquisição. Os hereges cátaros acreditavam na existência de dois deuses, um do bem (Deus) e outro do mal (Satã) e que, portanto, os que aqui viviam estavam destinados à expiação até que, após uma vida destinada ao bem, voltassem ao Paraíso perdido. Enquanto não conseguissem isso as pessoas teriam que reencarnar em sucessivas vidas na Terra. Os cátaros enalteciam o suicídio e também rejeitavam instituições básicas da vida civil como o matrimônio, a autoridade governamental, o serviço militar e não prestavam juramento (base das relações feudais) na sociedade medieval. Mais tarde as idéias dos cátaros reapareceriam na Doutrina Espírita.

Conforme preconizado por Lopes (2002), a Inquisição Medieval surge para o combate de grupos heréticos. Por conseguinte, a inquisição utilizada na península ibérica (Inquisição Moderna) visava fins diferentes: tornou-se poderoso instrumento do absolutismo dos monarcas espanhóis até o século XIX, a ponto de quase não poder ser considerada uma instituição eclesiástica.

Na Inquisição, o clero, ao lado dos Estados absolutistas em ascensão, fundamentou suas perseguições ampliando o rol dos culpáveis, englobando em suas tipificações, além da criminalidade comum, qualquer oposição que criticasse o saber oficial. Estabeleceu-se uma estrutura ampla e onipresente de poder que não admitia a existência do "outro", do diverso, então qualificado pelo adjetivo *herético*.

A inquisição espanhola

Historicamente a Espanha mostrava-se um dos países mais tolerantes da Europa em relação aos hereges, proporcionando uma convivência pacífica a cristãos, muçulmanos e judeus durante a Idade Média.

Antes da sua reconquista, a Espanha havia sido território muçulmano durante 800 (oitocentos) anos, sofrendo depois uma retomada. A maior parte da administração era composta por judeus, que ocupavam ministérios e dominavam o mercado financeiro desde o tempo dos califas. Entre eles destacava-se Isaac Abravanel, teólogo, comentador da Bíblia e financista. A família Abravanel é uma das mais antigas e distintas famílias judaicas; cuja ascendência direta tem origem no Rei David.

Na guerra da reconquista da Espanha todo o território que ia sendo recuperado aos mouros estava dividido em vários reinos, que posteriormente acabaram formando apenas dois: Castela e Aragão.

Antes do casamento da princesa Isabel de Castela com o príncipe Fernando de Aragão, em 1469, a península ibérica estava dividida em três monarquias: Portugal, Castela e Aragão. Fernando herdou o reino de Aragão (1469) e Isabel herdou o reino de Castela (1474).

Após o casamento de Fernando e Isabel, os dois reinos herdados pelos reis católicos estavam mergulhados em crises políticas e financeiras no seio da nobreza. Com a unificação dos reinos após 1474, os reis católicos iniciaram uma política de concessões de terras e poder aos nobres na tentativa de amenizar a crise.

A ascensão política e comercial de mouros e judeus revelou-se um entrave aos interesses da nobreza. Quando já havia um considerável número de nobres espanhóis católicos preparados para assumir as funções de poder financeiro e legal, um movimento foi iniciado entre a nobreza espanhola. Em 1492, os mouros foram expulsos de Granada e, nesse mesmo ano, um decreto determinou a expulsão dos judeus que não se convertessem ao catolicismo na Espanha.

Milhares de judeus preferiram deixar a Espanha e outros milhares aceitaram o batismo e permaneceram no país, sendo chamados de *conversos*. Os *conversos* continuaram a manter o domínio sobre o comércio e o capital. No entanto, a expulsão e o batismo forçado não conseguiram acabar com essa classe que seguia sendo uma ameaça aos interesses da nobreza.

Após tomar conhecimento de uma conspiração em Sevilha organizada por judeus (1478), D. Fernando solicitou ao Papa que reavivasse a Inquisição na Espanha, mas sobre novas bases e sob sua orientação.

A Inquisição Moderna foi utilizada como uma arma à disposição da aristocracia dos leigos e eclesiásticos para atingir o objetivo que o decreto de expulsão não conseguiu concretizar. Para funcionar por mais de trezentos anos, a Inquisição exigia grandes somas para custeio de seus tribunais. Essas somas eram obtidas através de confiscos de bens de acusados, multas e outras receitas apadrinhadas pelo Estado.

Em 1908 o papa Pio X reorganizou a inquisição mudando seu nome para *Congregação do Santo Ofício*. Em 1965, o papa Paulo VI mudou o nome para *Sagrada Congregação para a Doutrina da Fé*, cuja função é "tutelar a doutrina em matéria da fé e de costumes, em todo o mundo católico", estabelecendo, nos dias atuais, um diálogo ecumênico entre os "irmãos separados". O cardeal Joseph Ratzinger, atual papa Bento XVI, é uma das lideranças da *Sagrada Congregação para a Doutrina da Fé*.

7.3. O CÓDIGO CANÔNICO E SUA INFLUÊNCIA NAS LEGISLAÇÕES CIVIS

O papa Gregório VII enfrentou o imperador Henrique IV, do Sacro Império Romano, em defesa da superioridade do Poder Espiritual sobre o Poder Temporal. Gregório VII programou a *reforma gregoriana*, que condenava as práticas de heresia e penetração dos costumes pagãos dos bárbaros.

Além de cada igreja particular estar encarregada da aplicação daquilo que lhe pareceria normativo, um grande acervo de normas foi produzido nos concílios ecumênicos e regionais.

Com Gregório VII (1073 a 1075), a interpretação autêntica das normas só poderia ser feita pelo Papa. Gregório convocou o Concílio Lateranense e renovou as antigas leis da Igreja sobre o celibato dos sacerdotes, contra a venda de relíquias falsas (simonia), e fez incorrer nas censuras eclesiásticas os bispos da França, que tinham rejeitado os decretos pontifícios. Em 1075 foi editado o *Dictatus Papae* – conjunto de proposições teóricas tratando da autoridade, competência e poderes do papa sobre o domínio temporal e espiritual. Os decretos deveriam ser transmitidos segundo a tradição. Se alguém ensinasse ou contraditasse esses decretos, deveria ser excomungado.

Numa fase inicial as conclusões da interpretação, legislação e aplicação do direito nos casos concretos tornavam-se precedentes vinculantes e normativos de caráter geral. Começava na Igreja uma crescente hegemonia de canonistas, que foram constituindo uma espécie de carreira e de burocracia: o Papa Alexandre III (1159 a 1181) produziu 700 (setecentos) *decretais* (respostas do Papa em vereditos ou decisões de casos concretos ou de consultas que se tornavam normas gerais).

Segundo Vicente Rao (2005, p. 163-164) e John Gilissen (2003, p.147) – com acréscimos posteriores e resultantes dos diversos concílios realizados, entre os quais o Concílio de Trento (1545 a 1563), o mais longo da história da Igreja (também chamado Concílio da Contra-Reforma) e dos Atos emanados dos Santos Padres – antes do advento do Código Canônico, o *Corpus Juris Canonici* era constituído dos seguintes elementos:

a) Decretum Gratiani (séc. XII)

Aproximadamente em 1140 uma miríade de decretos, leis, pareceres e decisões das autoridades eclesiásticas é compilada por Graciano – um monge professor de Teologia, em Bolonha. Conforme Gilissen (2003, p. 147), Graciano redigiu *A concordância dos cânones discordantes (Concordantia Discordarum Canonum)*, à qual deu em seguida o nome de *Decretum*. O programa da obra tentava estabelecer uma coordenação entre os cânones discordantes, pela comparação e classificação dos textos de acordo com seu valor jurídico. Com espírito crítico, o método foi aplicado a cerca de 3.800 textos. Em seus comentários, Graciano resumia o problema e propunha uma solução para a contradição constatada.

b) Decretalis Gregorii IX (1234)

Gregório VII afirmara seu poder de legislar e criar novas leis de acordo com as necessidades do tempo, o que iria levando a uma ampliação dos novos cânones: estes, no entanto, deveriam encaixar-se na tradição da Igreja. Cinco coleções se seguiram ao *Decretum Gratiani*, contendo as decisões ou normas posteriores. Gregório IX incumbiu o dominicano S. Raimundo de Penaforte da consolidação desses textos em uma só coleção que, sob o nome deste papa, se incorporou ao *Corpus Juris Canonici.* A nova compilação, completada em 1234, continha 1.500 textos, sendo enviada pelo Papa às Universidades de Bolonha e de Paris. A Santa Sé proibiu a realização de novas compilações sem sua prévia autorização. Posteriormente vários papas tomaram a iniciativa de completar a obra de Graciano e Penaforte.

c) Líber Sextus

Em 1298, o papa Bonifácio VIII enviou uma nova compilação chamada *Liber Sextus*, assim chamada por ter sido acrescida aos cinco livros da compilação Gregoriana.

d) Constitutione Clementinae

Em 1314, Clemente V, papa de Avinhão, divulga uma outra compilação intitulada *Constitutione Clementinae* (uma coleção das suas *decretais*).

e) Extravagantes

Publicação (1324) sem caráter oficial contendo *decretais* de João XXII e de cinqüenta e três papas anteriores. Outras *extravagantes communes* foram-lhe acrescentadas nos finais do século XV.

O estudo do direito canônico estava inicialmente anexo ao ensino da teologia, e os métodos de estudo evoluíram do mesmo modo que o estudo do direito romano: método dos glosadores, seguido pelo dos comentadores. Na Europa, a universidade de Lovaina continuou os estudos de direito canônico até o século XX.

A atividade de aplicação (trazer para o presente, com autoridade, o texto do passado) que sempre identificou direito e teologia unia-se firmemente na atividade dos canonistas. Neste contexto, a tradição clerical de trabalho com os textos influía e cooperava na refundação do direito como disciplina intelectual.

As grandes compilações da Idade Média foram submetidas ao exame de uma comissão de canonistas e de cardeais, os *correctores romani*. A edição oficial do *Corpus Juris Canonici* apareceu em 1582.

Em 1869, durante o concílio do Vaticano, os bispos franceses pleitearam uma nova codificação do Direito Canônico. Atualmente o direito da Igreja Católica constitui-se como um direito codificado.

O Código Canônico de 1917

O *Corpus Juris Canonici* foi oficialmente aplicado na Igreja até 1917. Em 19 de março de 1904 uma comissão de cardeais, sob presidência do Papa Pio X foi composta para elaboração do projeto do Código de Direito Canônico. Para elaborar o projeto, o secretário da comissão, Pietro Gasparri, solicitou a colaboração de bispos e visitou universidades católicas. Em poucos meses o levantamento foi concluído. Entre os anos de 1912 e 1914 foram escritos os livros integrantes do código e, após novas análises dos bispos e participantes dos concílios universais, o *Codex Juris Canonici* foi promulgado pelo Papa Benedito XIV em 27 de maio de 1917.

O Código Canônico de 1917 rege as matérias de ordem espiritual ou conexas com as espirituais e remete às leis civis antigas algumas matérias, com ou sem reservas, a exemplo dos cânones 1080 – do impedimento matrimonial; 1059 – impedimento matrimonial por adoção; 1508 – relativo à prescrição aquisitiva, ou extintiva; 1529 – relativo aos contratos.

Nas matérias constantes dos cânones anteriormente citados o direito canônico se reporta ao direito civil, sendo muito forte sua influência na elaboração e aplicação das normas jurídicas nos países latinos. Até hoje, para a melhor interpretação de certos textos legais, que do direito canônico se originam, a este direito nos cumpre freqüentemente recorrer. Por ser o Catolicismo a religião oficial de certos Estados, ou por força de Concordatas ou Tratados, ou do reconhecimento da Igreja como pessoa jurídica de Direito Público Internacional, ou até mesmo em virtude de leis internas, é comum atribuir-se valor legal a atos praticados segundo o direito canônico, quando acrescidos de certas formalidades legais, a exemplo do casamento religioso com efeitos civis.

Vários diplomas legais reconhecem os efeitos civis do casamento religioso, a exemplo da Argentina, Brasil, Itália etc., sendo grande a influência do direito canônico em matéria atinente a família e matrimônio. Em Portugal e no Brasil-Império, o casamento entre católicos sempre foi celebrado por sacerdotes católicos, e somente em 1861 é que se regulamentou o casamento dos não-católicos. No Brasil, a proclamação da República (1889) separou a Igreja e o Estado, estabelecendo o casamento civil pelo Decreto n. 181, de 24 de janeiro de 1937, que regulamentava os efeitos civis do casamento religioso.

A reforma do Código de 1917 foi tomada pelo Papa João XXIII, no ano de 1959. Em 25 de janeiro de 1983, foi promulgado pelo Papa João Paulo II o novo código de Direito Canônico, dividido em sete livros, que reformou o *Codex* de 1917.

Seguindo a linha de classificação proposta pelo jurista René David, o civilista Sílvio Venosa (2007, p. 70) lembra que não seria possível enquadrar o Direito Canônico como Sistema Jurídico por tratar-se de um ordenamento particular da Igreja. Apesar de não classificar o Direito Canônico como sistema jurídico, é inegável a influência e importância desse direito, principalmente na esfera do sistema germânico.

Capítulo 8

O Sistema Chinês

8.1. ASPECTOS DA MORAL E DA RELIGIÃO NA CHINA PRIMITIVA

A ordem social da China desenvolveu-se distante da influência ocidental até o século XIX (época em que passou a ser invadida por potências estrangeiras).

Afirma David (2002, p. 585), que a concepção da ordem social sustentada pela tradição da China, e que se desenvolveu longe de qualquer influência estrangeira até o século XIX, difere totalmente da concepção ocidental. A idéia fundamental da ordem social chinesa é, independentemente de qualquer dogma religioso, o postulado da existência de uma ordem cósmica, que comporta uma interação recíproca entre o céu, a terra e os homens. Céu e terra obedecem a regras invariáveis; já os homens, pelo contrário, são senhores dos seus atos, e da maneira como se conduzem vai depender a ordem ou a desordem no mundo.

O direito chinês é um sistema integrado na concepção filosófica denominada Confucionismo, muito presente na tradição da ordem social da China primitiva. O postulado inicial baseado na doutrina de Confúcio é a crença na mencionada ordem cósmica que comporta uma interação recíproca entre o céu, a terra e os homens.

Durante a maior parte do governo comunista após o advento da República Popular da China, o confucionismo foi rotulado de concepção filosófica atrasada e feudal, apesar de inegável o papel dessa filosofia que moldou como nenhuma outra a identidade chinesa.

O confucionismo foi fundado por Confúcio (nome latinizado de Kong Fou-tseu), que viveu cerca de 550-479 antes de Cristo. Extraído da concepção religiosa contida em cinco livros sagrados, os *King*, seu pensamento filosófico é um animismo que tende para o monoteísmo e presta culto ao Grande Espírito, ao Céu e aos espíritos inferiores. Só o chefe, o Imperador, oferece grandes sacrifícios ao Céu; mas todos os homens devem sacrificar aos antepassados da família, pois estes estão sempre presentes.

Confúcio viveu em um período de desagregação do poder político na China e dedicou sua vida à construção de um sistema ético que pudesse orientar governantes e cidadãos e criar uma sociedade estável.

Na dinastia Han (206 a.C. – 220 d.C.) o confucionismo se transformou na ideologia oficial do império chinês e manteve essa posição até a vitória da revolução republicana, em 1911.

Confúcio também inovou ao defender que o soberano deveria ser aconselhado por funcionários preparados, selecionados por mérito em exames abertos a todos, nos quais a classe social e os vínculos familiares não tinham influência. Antes de o Ocidente conceber a noção de uma burocracia estatal estável, os chineses estabeleceram concursos públicos para recrutamento dos funcionários do império, provavelmente inspirados na doutrina de Confúcio. Os exames começaram a ser adotados de maneira informal na dinastia Han e foram institucionalizados na dinastia Sui (581 d.C. – 619 d.C.).

O equilíbrio e a felicidade no mundo dependeriam primeiramente de uma harmonia entre os homens e a natureza. O comportamento humano deve ser harmonizado com a ordem natural em dois aspectos.

Na prevenção de epidemias, más colheitas, inundações, terremotos, deve-se considerar os acontecimentos naturais para realização dos atos da vida pública e privada. Acima de uma tecnologia de poder, ao lado da virtude e da moralidade, a função essencial dos governantes é descobrir a lei natural que o Céu colocou em seu coração e manter sua conduta em sintonia com a ordem da natureza. Para bem governar, o soberano deve fazer uma exata concordância entre o universo e o homem.

Além da harmonização do homem com a natureza, é necessária uma harmonia entre os homens que priorize um ambiente de conciliação nas relações sociais. Os litígios devem ser mais *diluídos* do que decididos. A solução proposta deve ser livremente aceita por cada parte, porque cada um a considera justa, ao contrário de uma imposição que resulte em sentimento de perda.

A coerção ficaria em um plano secundário em relação à educação e a persuasão: as leis são apenas toleradas como fonte secundária das normas reguladoras da vida; ou melhor, como um *mal* inevitável, não só porque não podem, por seu caráter rígido e abstrato, prever a infinita variedade das situações humanas, senão, ainda, porque enquanto a doutrina confuciana considera não terem os indivíduos, perante a sociedade, senão deveres, as leis criam e atribuem direitos aos indivíduos.

O conhecimento jurídico revela a tendência da imposição dos direitos em decorrência da bilateralidade das leis impondo os direitos que delas resultam e, por isso, a harmonia natural da sociedade estaria comprometida diante da multiplicação de litígios.

A diferença da concepção de conhecimento jurídico na China em comparação à função do Direito no ocidente ocorre na medida que tal ciência apenas desempenha função secundária para os orientais. A promulgação de leis para os chineses não é um procedimento normal para assegurar o funcionamento da sociedade. A filosofia tradicional chinesa entende a promulgação de leis como algo negativo em si mesmo, porque os indivíduos, ao conhecerem essas leis, passam a entender-se com direitos e tendem a prevalecer-se dos mesmos, abandonando as normas tradicionais de honestidade e moral que são as únicas que devem orientar sua conduta.

Na concepção chinesa do Direito, fruto de sua filosofia tradicional, a ciência jurídica desempenha uma função secundária e a promulgação de leis para os chineses é considerada algo maléfico em si mesmo.

A busca da tutela jurisdicional é considerada uma solução débil, uma confissão de impotência buscada apenas em casos de extrema necessidade: os homens não devem afirmar direitos, visto que o dever de cada um é prestar-se à conciliação e apagar-se, se houver lugar a isso, no interesse de todos. Desconfia-se muito dos juristas. Estes se arriscam bastante, referindo-se a regras abstratas, a suscitar obstáculos a soluções necessárias de compromisso; quer queiram ou não, eles encorajam, deste modo, comportamentos censuráveis, contrários ao interesse da sociedade. A solução dada deve, em qualquer ocasião, ser conforme, independentemente de um esquema jurídico, à eqüidade e ao sentimento de humanidade: as perdas e os danos, deste modo, devem ser tais que o seu pagamento não prejudique o autor do fato danoso e não o reduza, e à sua família, à miséria.

Depois de esgotados todos os meios conciliatórios recorrer-se-ia à ação judicial e, mesmo quando obtido um pronunciamento judicial favorável ao autor da ação, ainda assim não seria correto reclamar-se o cumprimento e execução da decisão de imediato antes de se valer novamente da tentativa de conciliação. Mesmo diante de uma decisão favorável em Juízo, o vencedor reluta em executá-la; quando executada, procede-se de forma que prejudique o adversário o mínimo possível. Esses são os pensamentos tradicionais chineses, de acordo com a doutrina de Confúcio, tão distantes de nosso entendimento ocidental.

Na doutrina de Confúcio as regras morais e sociais de conduta são o ponto de partida para que as pessoas saibam o que pode ser feito e o que não pode. Portanto, não deve ser a ameaça da coerção que deve regular a conduta dos indivíduos, mas sim suas próprias consciências.

Os indivíduos possuem em seu coração o sentido da ordem social (*li*) e o conhecimento do bem e do mal (*tche*). O *li* é a noção do confucionismo mais próxima da concepção de direito ocidental. Traduz-se tanto por direito como por etiqueta, rito, moral. O conjunto das regras de conveniência e de bom comportamento que se impõem ao homem honesto formam uma espécie de código moral, exprimem a ordem natural para qual o homem deve tender; basta respeitar essa ordem natural das coisas para que a harmonia reine entre os homens.

Essas regras de conduta diferem conforme a pessoa entre as quais existem relações, havendo ritos próprios segundo o tipo de relação (no clã, na família, na sociedade). É pela observação dos ritos e também graças à música, mais do que pelo uso das normas jurídicas, que a sociedade pode viver em harmonia.

O tipo de sociedade que se procurou edificar por muitos séculos foi aquele que o confucionismo propunha. A base da sociedade era a unidade familiar sob autoridade absoluta do chefe de família. O modelo de família orientava a concepção das coletividades públicas e do próprio Estado.

O dever de cada um dos indivíduos seria viver segundo os ritos que seu estatuto lhe impunha na comunidade. A observação dos ritos prescritos pelo costume era o princípio que, na China, se substituía ao da lei (David, 2002, p. 589).

Desse modo, por muitos séculos a justiça na China prescindiu de uma profissão jurídica organizada, sendo aplicada por administradores que, tendo-se elevado à função por exames puramente literários, ignoravam tudo do direito. Os operadores da lei eram consultados apenas em segredo.

O taoísmo e o budismo

Além do confucionismo, Gilissen (2003, p. 110) ressalta o taoísmo e o budismo como as três principais religiões da China.

O taoísmo é devido a Lao-Tseu, que viveu antes de Confúcio. Seu livro, o *Tao-Te*, é *a via da virtude*; *Tao* é a via, a razão que governa o mundo; os homens devem descobri-la pela meditação, pelo êxtase. O taoísmo é uma religião mística, que tem chefes e monges; foi se tornando cada vez mais arcaica devido a seus ritos e sacrifícios.

Já o budismo veio da Índia, tendo surgido por volta dos séculos III-II a.C. A sua influência tornou-se considerável na China a partir do século V da nossa era.

O confucionismo dominou o pensamento chinês a partir da dinastia dos Han (206 a.C.). No século XVIII os Mongóis chegaram a enquadrar os letrados confucionistas na última classe da população, ao lado das prostitutas e mendigos, mas essa atitude desprezível não foi capaz de diminuir a influência do pensamento confuciano, que continuava buscando as vias extrajudiciais na solução dos conflitos.

Na atualidade. a emergência da China como potência mundial é um fator que tem chamado a atenção dos estudiosos que acreditam estar ressurgindo o interesse na doutrina de Confúcio, o que viria a preencher uma espécie de vácuo moral na China de hoje. Confúcio começa a substituir Marx no currículo escolar, e inúmeras instituições começam a oferecer cursos específicos sobre seus ensinamentos atraindo muitos interessados.

Como exemplo do ressurgimento do confucionismo após o *establishment* comunista, salientamos a postura do presidente chinês Hu Jintao (que assumiu o cargo em 2003) pregando a construção de uma "sociedade harmônica", conceito bastante identificado com o pensamento confucionista.

Apesar de não influenciar mais intensamente a moral dos chineses, o pensamento comunista de Karl Marx (1818-1883) ainda figura na Constituição como a teoria que fundamenta o sistema chinês. Embora o regime ainda seja oficialmente marxista, um crescente número de intelectuais vem apontando o confucionismo como um caminho mais apropriado para a China de hoje.

Em Pequim estima-se que na atualidade aproximadamente dez milhões de crianças estudem os textos clássicos do confucionismo, algo impensável na década de 1990. Em março de 2007 foi anunciado pelo governo um projeto de construção na província de Shandong de um parque temático do confucionismo, batizado de "Cidade Simbólica da Cultura Chinesa". Ocupando uma extensa área, o parque deve englobar Qufu, localidade onde nasceu Confúcio, e Zoucheng, onde nasceu Mencius (372-289 a.C.), seu principal discípulo.

Assim, diante da necessidade de buscar novas fontes de legitimidade social, percebe-se uma tendência do governo chinês para recorrer cada vez mais ao princípio de harmonia presente no confucionismo, abandonando gradativamente os postulados marxistas.

8.2. A ESCOLA DOS LEGISTAS

Na visão tradicional chinesa, as leis não seriam o modo normal de o governo assegurar a harmonia da sociedade. O caráter abstrato das leis não abrange a multiplicidade de situações que poderiam suscitar conflitos, e sua aplicação estrita corre o risco de atentar contra o sentido inato de justiça dos homens.

Lao-Tseu, no Tao Teh-King (*O Livro da Vida e da Virtude*), II, 57, assim dizia: "Quanto mais abundarem as leis e as ordenações, mais bandidos e ladrões haverá".

No período dos reinos combatentes, situado no século III a.C., a Escola dos Legistas pretendeu substituir o conceito da virtude dos governantes (governo pelos homens) pela necessidade de obedecer às prescrições da lei (governo pelas leis).

A Escola dos Legistas discorda da idéia de que o homem tem uma bondade inata e afirma que a maldade é essencial ao ser humano; assim quer substituir o governo pelos homens pela via das normas obrigatórias coercitivamente impostas.

As teorias dos legistas foram expostas na obra de Ham-Fei-Tseu de forma próxima ao pensamento ocidental ao defender a necessidade de leis permanentes impostas ao povo. Contudo, a mentalidade dos chineses não absorveu totalmente as idéias dos legistas.

O *fa* é um direito do Estado, absoluto e geral. Segundo esse direito, e em vista da supremacia do interesse público sobre o privado, os homens devem ser obrigados a denunciar as infrações mesmo que delas não sejam vítimas.

Bem antes da emergência da China como potência mundial percebe-se em sua organização social uma divisão em quatro classes estritamente hierarquizadas: os funcionários letrados, os camponeses, os artesãos e os comerciantes. Cada homem submete-se aos homens das classes superiores, mas em cada classe a família e o clã continuam a ser a base da organização social e judiciária.

O *li* seria aplicado ao povo comum. Um funcionário letrado, por exemplo, poderia ser isento das conseqüências da lei penal ou redimir a pena de morte mediante uma compensação pecuniária. O direito chinês tradicional era caracterizado por uma desigualdade na aplicação da lei que variava conforme se aplicasse o *li* ou o *fa*. A classe superior tem um profundo desprezo pela lei.

Apesar dos esforços dos legistas, os costumes continuaram regendo as matérias relacionadas ao que nós chamamos de *direito privado*, enquanto os códigos chineses tratavam de matéria administrativa e criminal.

Conforme o *fa* dos legistas, para o povo, são necessárias leis, sobretudo leis penais severas. Tal é a idéia desenvolvida pelos legistas da Escola da lei (*fa-kia*), da época da dinastia dos Chín (século III antes da nossa era). Pois, diziam eles, a natureza é fundamentalmente má e egoísta; os conflitos entre os homens são inevitáveis; para fazer reinar a ordem e manter a coesão social, é preciso submeter os homens a leis e castigar as infrações com penas severas, as mais cruéis possíveis, para intimidar.

Numerosos códigos chineses são compilações de leis penais extremamente severas. Quase todas as dinastias elaboraram um código novo. Alguns desses, a exemplo do Tsin-liu, de 268 d.C., ou os códigos T´sing de 1646 e 1740, contam mais de 1500 artigos tipificando cerca de 2000 infrações puníveis com penas de morte, deportação, trabalhos forçados e flagelações. Por ofender a autoridade do chefe de família, a insubordinação dos filhos se encontra entre as infrações mais graves.

Com o tempo a China aderiu ao regime das codificações. Os códigos chineses eram soluções intermediárias entre a antiga conceituação religiosa do Direito Chinês e os ensinamentos proporcionados pela Ciência Jurídica Ocidental.

A instauração da República em 1912 favoreceu a penetração dos direitos ocidentais. Surgem na China o Código Civil (1929 – 1931), o Código de Processo Civil (1932), o Código Agrário (1930), Código Imobiliário (1930) revisto em 1946. Por sua vez, a anexação de Hong Kong à Inglaterra em 1843 impossibilitou a aplicação desses códigos na região.

A situação se modifica em 1949, com a tomada do poder pelo Partido Comunista, dirigido por Mao Tsé Tung, quando se implantou na China um governo baseado na doutrina marxista – leninista.

8.3. A REPÚBLICA POPULAR DA CHINA

Em sua fase inicial o regime comunista se instalou na província de Jiangxii, no Sul, a partir de 1931. Em 1935 os comunistas instalaram-se na província de Shaanxi, no Nordeste. Em 19 de outubro de 1949 a China tornou-se uma República Popular, com a vitória do Partido Comunista liderado por Mao Tsé Tung.

Mao Tsé Tung redirecionou a teoria confucionista de lealdade à família para a lealdade ao Partido Comunista Chinês (PCC) em que o ideal confucionista da virtude seria representado pela adesão incondicional ao programa do partido.

Para afastar as influências do feudalismo e da burguesia o novo regime, anulou a legislação antiga. O *Programa Comum*, estabelecido em 1949, aboliu em bloco todas as leis, decretos e tribunais existentes.

Em 1950, Mao assina um tratado de amizade com a União Soviética, integrando-se à Guerra Fria. Tropas chinesas combatem na Guerra da Coréia em 1950 e 1951, ao lado da Coréia do Norte (comunista), contra os E.U.A. e a Coréia do Sul. Em 1950, a China ocupa e anexa o Tibete. Após a morte de Stalin, em 1953, Mao enfatiza sua autonomia em relação a Moscou.

Numa comparação entre a implantação do comunismo na China e na União Soviética, nota-se que a situação chinesa foi diferente no aspecto da aceitação de soluções legislativas. Numa fase inicial parecia que iria se reconhecer o primado da lei como meio eficaz para transformação da sociedade. Na fase de reconstrução segundo o modelo soviético houve o aparecimento de diversas leis, mas posteriormente abandonou-se o trabalho de codificações. Para os chineses, o princípio de legalidade representou um episódio de curta duração.

Também se distancia do modelo da União Soviética o sistema de remuneração individual e os métodos autoritários típicos do centralismo democrático vistos pelos chineses como inadequados para um Estado em que o proletariado tomou ao poder.

Na década de 1960 a Revolução Chinesa se orienta num caminho diferente em relação ao da União Soviética, dando prioridade às transformações sociais em vez de às metas de crescimento econômico, diferentemente dos soviéticos que buscavam antes o desenvolvimento da indústria pesada, em detrimento dos camponeses.

Percebe-se uma maior ênfase ao método da persuasão do que ao emprego da coação na China. A Revolução Cultural de 1966-1968 acentuou ainda mais essa evolução; quis ela acelerar a via em direção ao comunismo, o que resultou em um estado de *não-direito*, uma ausência completa de sanções. Governou-se por meio da ideologia; as massas tiveram de ser convencidas a aceitar e a aplicar com entusiasmo as idéias do Partido e do seu chefe. Na falta de leis, governou-se por meio de *slogans*.

Assim, a aceitação do Direito não consegue penetrar no espírito das pessoas, e as diretrizes do partido se substituem à lei. Os tribunais tem sua atividade restringida e são subordinados aos *sovietes* dos diferentes escalões. A paz social seria fruto de uma obra educativa, a exemplo dos *pactos patrióticos* em que os cidadãos se comprometiam a manter a disciplina social.

Os raros processos apenas intervêm contra os inimigos do povo, os incorrigíveis e os depravados. As sanções do direito não devem ser aplicadas àqueles que, apesar de suas possíveis faltas, continuam a ser bons cidadãos.

A solução dos conflitos por meio da conciliação sempre mereceu destaque na China. Desde a implantação da República Popular até os nossos dias surgiram mais de duzentas mil comissões populares de mediação, além de sindicatos, comissões de rua e outras células de caráter administrativo para dirimir litígios.

A China após os anos 70

Nos anos 1970 a concepção do direito preconizada na Revolução Cultural de 1966-1968 foi abandonada. Após a morte de Mao Tsé Tung (1976), o direito torna-se mais legalista. Essa tendência legalista continua com Hu Yaobang como presidente do partido e o primeiro ministro Zhao Ziyang, em 1980.

Em 1980 Zhao Ziyang tornou-se primeiro-ministro e, em 1987, líder do Partido Comunista. Defendeu reformas econômicas, mas perdeu todos os postos que ocupava por se opor à repressão aos manifestantes pró-democracia da Praça da Paz Celestial. Em janeiro de 2005 Zhao morreu aos oitenta e cinco anos em prisão domiciliar, onde se encontrava desde os protestos pró-democracia (1989).

A partir de 1997 a China intensifica uma série de transformações. O avanço no programa de reforma econômica rompeu um princípio básico do comunismo (a propriedade estatal dos bens de produção), iniciando um processo de privatização que incluirá a maioria das 370 mil estatais chinesas endividadas.

Em 2001 a China entrou na Organização Mundial do Comércio, cuja função é estabelecer regras no comércio mundial e, desde então, o ordenamento jurídico chinês tem sofrido várias modificações para se adequar à realidade econômica e às exigências internacionais.

Capítulo 9

O SISTEMA JURÍDICO DA ÍNDIA

9.1. ASPECTOS DA RELIGIÃO E DOS COSTUMES NA ÍNDIA ANTIGA

A fase mais remota da religião hindu denomina-se *bramanismo*, estendendo-se de meados do segundo milênio a.C. até o início da era cristã, quando essa religião foi substituída pelo hinduísmo.

O caráter politeísta do *bramanismo* e as suas divindades é evidenciado pela existência de uma confraria de 33 deuses, 11 no céu, 11 na terra e 11 na região intermédia. A maior parte desses deuses são fenômenos naturais divinizados, por exemplo Agni, o fogo (latim: *ignis*), daí o fogo nos sacrifícios; Indra, o deus belicoso, o deus da guerra. Entre os deuses, há sobretudo Brama, Vishnu e Shiva, cada um, aliás, designado por milhares de nomes.

O nome *bramanismo* relaciona-se a *Brama* ou *Brahma*, forma masculina que designa o deus criador, parte da trindade completada por *Vishnu* e *Shiva*. A palavra neutra *brahman*, realidade última do universo, grosso modo significa absoluto e corresponde à classe sacerdotal dos brâmanes, em torno da qual se constitui essa tradição.

Profundamente integrado à existência da Índia, o *bramanismo* abrange a tradição de doutrinas e práticas religiosas, além de uma série de regras voltadas ao comportamento do homem em sociedade, orientadas pela divisão social em castas.

Há uma infinidade de costumes dominados pela religião, e os hindus dividem-se em quatro castas: a) os *brâmanes* reservam para si o ensino, os sacrifícios e a interpretação dos textos, constituindo-se numa casta superior às demais; b) os *ksatriyas* encarregam-se da proteção da ordem pelas armas; c) os *varsyas* são os encarregados dos negócios; d) os *sudras* cultivam os campos. A parcela da população que não se inclui nas castas chama-se *chandalas*.

Na Índia o que mais se aproxima da noção ocidental de direito é o *dharma*, que se pode traduzir de forma aproximada como *dever*.

No conjunto, o *dharma* abrange a conduta dos homens, conforme a condição social de cada um, sem distinção entre deveres religiosos e jurídicos. Seria um conjunto de obrigações que se impõem aos homens pela ordem natural das coisas, como a penitência, a esmola, a hospitalidade e os sacrifícios.

A idéia de deveres se apóia na crença de que existe uma ordem no universo, inerente à natureza das coisas, necessária à preservação do mundo e da qual os próprios deuses são protetores. A autoridade do *dharma* é oriunda da religião.

No hinduísmo, a posição social se dá por nascimento. Conforme a categoria a que pertence, cada homem terá direitos, deveres e uma moral específica. A religião hindu não fundamenta a posição de igualdade entre os homens perante Deus, diversamente da visão dos cristãos, muçulmanos e judeus. Essa concepção de mundo consagra a desigualdade social: cada homem tem o seu lugar na sociedade, pois pertence a uma casta situada num lugar preciso e definitivo na hierarquia social.

Os livros sagrados

As regras que os homens devem seguir possuem seu conteúdo revelado pelas divindades e estão determinadas nos livros sagrados. Os princípios gerais são extraídos dos livros sagrados *Vedas* (os livros denominados *Srutis* compreendem os *Quatro Vedas* e seis apêndices ou *Vedangas*) e os preceitos ou normas de conduta religiosas, morais e jurídicas constam dos livros *Dharmasastras*, que contêm os ensinamentos dos sábios da tradição hindu (*Smiirti*, sendo os mais conhecidos os de *Manu*, *Yajnalkaya* e *Narada*). Os comentários desses livros (*Nibhandas*) são escritos por juristas.

Veda é a soma de todas as verdades religiosas ou morais transmitidas a alguns eleitos que receberam a *revelação*. Nem todos os preceitos ganharam a forma escrita.

Preceitos ou normas de condutas religiosas, morais e jurídicas constam dos livros *Dharmasastras*, que contêm os ensinamentos dos sábios da tradição Hindu, mas nenhuma dessas obras pode ser qualificada como Código ou conjunto de leis em sentido próprio.

Os *sastras* ou *dharmasastras* são obras que tratam da conduta dos homens, correspondendo às três motivações que podem determinar seu comportamento: virtude, interesse e prazer. Certos *sastras* ensinam aos homens como estes se devem conduzir para serem justos: é a ciência do *dharma*. Outros ensinam aos homens a maneira de enriquecer e ao príncipe a arte de governar; compõem o *artha*, ou seja, a ciência do útil e da política. Outros, finalmente desenvolvem uma ciência do prazer: é o *kama*.

Na vida em sociedade os homens devem considerar o *Dharma,* o *Artha* e *o Kama*, conforme a respectiva categoria social a que pertencem.

O *Dharma* fundamenta-se na crença de que existe uma ordem universal inerente à natureza das coisas, necessária a preservação do mundo, e da qual os deuses são apenas protetores. Sem diferenciar deveres religiosos de jurídicos, ensina como os homens devem se conduzir para serem justos, e é seguido pela casta dos brâmanes. Na doutrina moderna, o *dharma* agrupa as regras do direito e sua formação é bem peculiar em relação aos demais sistemas jurídicos. Os autores de direito hindu expõem mais o Direito Positivo aplicável hodiernamente aos hindus sem enfocar tanto o aspecto religioso.

O *Artha* (ciência do útil e da política) ensina a enriquecer e governar, sendo um livro de orientação para políticos, dirigentes e comerciantes.

O *Kama* desenvolve a ciência do prazer, cabendo seu conteúdo às mulheres. O livro *Kama Sutra* é um antigo texto indiano sobre o comportamento sexual humano. O texto foi escrito por Vatsyayana para constituir um breve resumo de vários trabalhos anteriores ligados a uma tradição conhecida genericamente como *Kama Shatra*. Kama é a literatura do desejo. Já o Sutra é o discurso de uma série de aforismos.

O budismo foi outra religião derivada do bramanismo. No século V a.C. um guerreiro chamado Sidarta Gautama fez-se monge mendicante, difundindo uma nova doutrina denominada *budismo*. Buda, o Iluminado, era contra sacrifícios, afirmando que cada um é responsável por sua salvação.

Em 250 a.C. o budismo foi declarado religião oficial da Índia, de onde seguidamente desapareceu, voltando a dar lugar ao bramanismo. Sua influência permaneceu, no entanto, no Ceilão, na Birmânia, no Sião, no Camboja, no Vietnã, no Nepal, no Tibete e, sobretudo, na China e no Japão.

O direito hindu é um direito costumeiro extremamente variável conforme os ritos religiosos, a região, a seita, a tribo, a classe, a casta, a profissão e até mesmo a família, nas inúmeras comunidades.

As normas de conduta na Índia se originaram fundamentalmente nas crenças religiosas das comunidades, adquirindo assim força própria e formando o direito costumeiro desses povos.

9.2. VISÃO HISTÓRICA DA ORGANIZAÇÃO POLÍTICA NA ÍNDIA

As origens da Índia despontam no Vale do Indus, no qual a língua indo-ariana se afirma como uma língua diferente. Em seguida vem o período *Védico*, cerca de 1.500 anos a.C., com a invasão dos arianos, sua fixação na bacia do Ganges e a colonização de boa parte norte da Índia.

Na parte final do período Budista (500-320 a.C.) Alexandre o Grande invade a Índia. É quando começa a dinastia *Maurya*, com o Imperador Chandragupta, que derrota o exército grego de Seleucus Nicator.

A dinastia *Maurya* tem sua fase áurea com o Imperador Ashoka (272-232 a.C.), que unifica todo o Norte indiano, preservando relações muito amistosas com os reinos do Sul. O seu emblema, a roda, faz parte da bandeira da Índia. O Império constituía-se de 4 (quatro) vice-reinos, com territórios conquistados que pagavam tributos. Nessa época um tratado de economia política, *Arthasastra*, preconizava a legitimidade da cobrança de tributos sobre todas as atividades rentáveis (agricultura, jogo, prostituição).

No Império de Ashoka foi implantado o modelo de *trabalhador social*. Esses operários construíram o caminho ligando o Afeganistão à Bengala Ocidental, com fontes de água, árvores de sombra, casas de descanso, dentre outras benfeitorias. Foram construídos hospitais, criados programas de alimento por trabalho, foi impulsionado o comércio distante e o estabelececimento de embaixadas externas. Ashoka era budista, mas permitiu a liberdade religiosa.

A época das Invasões (200 a.C. - 300 d.C.) vê o desabar da dinastia *Maurya* e, sucessivamente, a ascensão e o declínio dos reinados Kanva e Kalinga.

No Sul prevalece a dinastia *Satavahana*, fundada por Simuka, cerca de 50 a.C. Nesse período, Arikamedu estabelece relações comerciais com Roma. Tempos depois, São Tomé leva o Cristianismo para o Sul da Índia. A dinastia *Satavahana* entra em decadência em aproximadamente 250 d.C. e, por volta do ano 300, ganha poder a dinastia Pallava.

Externamente inicia-se um processo de *indianização* do sudeste asiático. O budismo chega à China e o Imperador Trajano recebe uma missão Indiana em Roma.

Seguem-se no Norte, sucessivamente, o Período clássico, ou dinastia Gupta – iniciada por Chandra Gupta, em 319 e encerrada em 540. Depois das dinastias medievais do Norte da Índia, do ano 550 até 1300; segue-se o período do Sultanato de Delhi, de 1300 a 1526.

A organização política da Índia variou muito ao longo dos quatro milênios de existência. A realeza era considerada necessária para manter a ordem estabelecida pelos deuses e desenvolvia-se em torno dos *rajas*.

Os *rajas* (rei, chefe ou senhor da aldeia) possuíam extensões variáveis de territórios submetidos a sua autoridade; inicialmente eram eleitos pelo povo, mas na verdade chegavam ao poder pela força e tentavam transmitir seus privilégios pela via hereditária.

Na esfera política, a regra geral era prevalecer a total independência dos *rajas* nas suas ações de governo, inexistindo a participação dos súditos. Dentre suas prerrogativas cabia-lhe coletar os impostos, punir infratores que estivessem fora da justiça das castas, além de legislar e dar ordens ocasionais.

A partir do século X algumas partes da Índia foram submetidas a chefes muçulmanos, o que levou à conversão parcial de sua população do Leste e do Oeste e resultou na separação entre Paquistão, Bangladesh (muçulmanos) e Índia (hinduístas).

O Império Mogol, de 1526 a 1739, tinha como expoente o Imperador Akbar, que reinou de 1516 a 1603, num período de grande abertura e interação com o Ocidente. Nessa fase tentou-se estabelecer uma monarquia com direitos iguais para toda a população. Apesar da origem muçulmana, o Imperador Akbar colocou hindus em altos cargos do governo. Sua corte era composta por sábios de várias religiões, entre as quais a católica, representada por sacerdotes Jesuítas estabelecidos em Goa após a viagem de Vasco da Gama.

Na época do Império Grão Mogol (séculos XVI e XIX), que se estendeu sobre quase toda a Índia, os chefes muçulmanos respeitavam a religião e o direito hindus, sendo a justiça administrada pelos *panchayat* das castas; em contrapartida, o poder do *rajá* foi muitas vezes aniquilado, em benefício dos cádis muçulmanos.

Panchayat é um sistema político indiano. No sentido empregado por Gilissen designa o conselho ou tribunal que exerce a autoridade no âmbito de uma casta. Mas o termo *panchayat* pode ser empregado para descrever o agrupamento de cinco vilas num *quincôncio* (quatro vilas formando um quadrado e uma vila no centro). Cada vila possui funções e responsabilidades específicas. A vila que fica no centro, geralmente a maior, organiza o abastecimento de alimentos e é o ponto de encontro dos responsáveis.

Entre os séculos XVII e XIX os inlgeses penetraram na Índia, e o governo passou para a autoridade da coroa britânica. A rainha Vitória, da Inlgaterra, tornou-se imperatriz das Índias, colocando-se no topo da hierarquia feudal dos marajás e rajás. A era vitoriana (entre 1837 e 1901) da Grã-Bretanha é considerada o auge da revolução industrial inglesa e do Império Britânico.

Em 1938, na Índia Colonial os poderosos (britânicos e indianos) viram a ascenção do líder pacifista Mahatma Gandhi, com suas idéias de liberdade e mudança das tradições arcaicas, às quais os indianos ainda se agarram.

9.3. O PROCESSO DE ELABORAÇÃO LEGISLATIVA NA ÍNDIA

A dominação britânica proporcionou a formação de um direito indiano comum a toda população da Índia, inclusive aos muçulmanos, e entre os anos de 1859 e 1882 verificou-se um intenso movimento de produção legislativa.

O processo de formação do direito indiano pelos ingleses ocorreu pela via das leis e também pela organização judiciária. A partir do século XIX, os juízes ingleses, assistidos pelos *pundits*, homens mais versados em religião do que em direito, tinham suas decisões submetidas aos tribunais superiores de justiça e até mesmo ao *Privy* Council, em Londres; criou-se assim a *judge-made-law*, do tipo *common law* inglesa.

Pela via judiciária, os *pundits* eram peritos que auxiliavam os juízes indicando as normas dos *dharmasastras* e *nibandhas* aplicáveis aos litígios. René David (2002, p. 555) registra que até 1864 os juízes apenas conferiam força executória às decisões indicadas pelos *pundits*.

As leis dos colonizadores britânicos tentavam introduzir na cultura indiana a moral européia. Os ingleses criaram leis proibindo certos aspectos culturais e tradicionais indianos que consideravam violentos e retrógrados, mas as leis novas não eram recepcionadas pelo povo por serem contra suas crenças e tradições.

O processo de elaboração legislativa na época do domínio britânico verificou-se também em questões como a do *sati* (queima de viúvas vivas) ao impor sua proibição através de uma lei de 1829. Era costume na Índia que as viúvas fossem queimadas numa fogueira ao lado do corpo do marido. Existem variações dessa prática por meio de *satis* simbólicos e de enterramento vivo que diferem do padrão da cremação. Costume semelhante ao *sati* é verificado entre os vikings, anglo-saxões e germânicos onde a principal escrava (na prática, a esposa) devia morrer acompanhando o seu mestre em um barco funerário incendiado e lançado ao mar.

Pela tradição indiana, após o casamento a família sente-se livre de qualquer responsabilidade em relação a mulher. Em algumas regiões da Índia a figura da viúva é vista como um peso e como uma mulher sexualmente perigosa. As viúvas são afastadas da família dos noivos que não assumem a responsabilidade de sustentá-las. Em decorrência do preconceito e das superstições que cercam a mulher viúva, ela também não consegue trabalho para seu sustento e acaba tendo que viver em Casas de Viúvas (prédios centenários, em péssimas condições de conservação). Nessas Casas de Viúvas, as mulheres dormem no chão, repetem canções e orações seis horas por dia, e não podem sequer comer frituras, consideradas alimentos quentes.

Até os dias atuais a lei de 1829 não conseguiu mudar a cultura patriarcal indiana e, do ponto de vista social, as viúvas continuam sendo condenadas a uma existência de total isolamento e miséria.

Não houve, por parte da legislação britânica, a exposição de um verdadeiro direito hindu em suas regulações. Os próprios hindus manifestaram o desejo de reformar um direito que apenas imperfeitamente correspondia aos seus costumes. A maneira normal de operar essas reformas devia ser pelo recurso à legislação. As autoridades britânicas, porém, intervieram com reserva no domínio em que o direito hindu era limitado. Ao tempo do domínio britânico, somente leis de alcance limitado foram promulgadas. Rejeitaram-se certas regras ligadas ao sistemas das castas ou consagravam a incapacidade da mulher, as quais chocavam numerosos elementos evoluídos da população hindu. Regularam-se igualmente em 1870, pelo *Hindu Wills Act,* os testamentos feitos pelos hindus. Mas nenhuma codificação geral interveio para modernizar e expor no seu conjunto o direito hindu; esta obra fora projetada em 1833, mas o projeto foi abandonado em 1861.

Na época de dominação britânica também foram introduzidas uma lei abolindo a escravatura (1834) e outra abolindo a degradação resultante da exclusão da casta (1850).

Promulgaram-se os seguintes códigos e compilações, fruto da elaboração legislativa dos colonizadores britânicos: o *Indian Penal Code* (1860); o *Code of Civil Procedure* (1861); o *Indian Contract Act* (1892) e o *Indian Registration Act* (1908).

Os códigos de elaboração inglesa não esgotam o direito hindu; de modo que, ao seu lado, permanece em vigor o direito costumeiro, principalmente nas seguintes matérias: capacidade das pessoas físicas, casamento, relações de família, adoção, sucessão com ou sem o testamento, doações e mais instituições ligadas à religião.

Outras leis não são chamadas códigos: *Limitation Act* (1859); *Succession Act* (1865, substituído em 1925); *Evidence Act* (1872); *Specific Relief Act* (1872); *Negotiable Instruments Act* (1881); *Transfer of Property Act* (1882, emendado em 1929); *Trusts Act* (1882) etc.

Em matéria da *comunidade familiar de bens* foram feitas as seguintes reformas: declarou-se que os salários dos indivíduos lhes pertenceriam como bens próprios (1930); em 1936 uma parte da propriedade familiar passou a caber, como bem próprio, aos diversos herdeiros ou legatários, entre os quais figura a viúva.

Em 1941 um projeto de código incluiu todo o direito civil.

Posteriormente, em 1947, a Índia tornou-se independente da Inglaterra e sua Constituição de 1950 fez desse país uma república federativa laica e democrática, composta de 27 estados autônomos que substituíram os 562 rajás.

O novo texto constitucional trouxe inúmeras inovações e passou a proibir toda e qualquer discriminação fundada sobre casta. A Constituição repudiou o sistema das castas; conforme se verifica em seu artigo quinze, que proíbe toda discriminação desse tipo. Toda a matéria do casamento e do divórcio foi profundamente reformada pelo *Hindu Marriage Act*, de 1955 (alterado em 1964). O casamento, considerado um sacramento pela religião hindu, era para o direito hindu tradicional uma doação que os pais da mulher faziam ao marido; a mulher, objeto do contrato, não tinha de consentir o casamento; o casamento era indissolúvel e a poligamia autorizada. Todas estas regras são rejeitadas pelo novo direito hindu: a poligamia passa a ser proibida; a lei prevê o divórcio e até a possibilidade de conceder uma pensão alimentar ao cônjuge divorciado; exige que os cônjuges consintam pessoalmente no casamento, como se se tratasse de um contrato, e estabelece uma idade mínima para o casamento; reduz igualmente o número de impedimentos matrimoniais. Uma verdadeira revolução é, portanto, trazida ao direito hindu. A nova lei, porém, continua a ser apenas aplicável aos hindus e não a todos os cidadãos da Índia, tendo sido conservadas certas regras tradicionais do direito hindu.

Proíbe-se a poligamia, a legislação prevê o divórcio e até a possibilidade de uma pensão ao cônjuge divorciado. Outra lei substitui os *panchayat* de casta por *panchayat* (tribunais) de aldeia. A partir de 1950, nos diversos Estados da Índia, leis de reforma agrária procuram reduzir os grandes latifúndios.

Capítulo 10

DIREITO ISLÂMICO

10.1. O SURGIMENTO DO ISLAMISMO

O cristianismo formou-se a partir do povo judeu, já o islamismo (séc. VII d.C.) surgiu entre os árabes. A religião da Arábia, um animismo politeísta até esse surgimento, evoluiu então para o monoteísmo, nomeadamente sob a influência das religiões de regiões próximas, o judaísmo e o cristianismo. O deus árabe por excelência é *Al Jalah* (donde, Alá), o guardião da ordem moral.

Contudo, judeus e árabes acreditam terem em Abraão (Ibrahim) um patriarca em comum, o qual gerara a uns por sua mulher principal, e a outros por sua serva (Gênesis, 17). A nação árabe, no entanto, somente projetou-se política e culturalmente dois mil anos depois, enquanto as demais já haviam criado Babilônia, Nínive, Egito, Israel, Fenícia, entre outras.

Tendo como livro sagrado o Alcorão, o islamismo é a religião monoteísta fundada pelo profeta Maomé (Mohammad). Inicialmente pastor de ovelhas, a certa altura foi para Meca, onde se dedicou ao comércio e desenvolveu atividade religiosa, combatendo o politeísmo e os velhos ídolos, até que, perseguido, deixou a cidade santa da nação islâmica (622 d.C.) e foi para Medina, marcando a data da Hégira (fuga), marco inicial da era muçulmana.

Maomé reconquistou Meca pela guerra santa e organizou a comunidade religiosa islâmica. O islamismo e a idéia de comunidade do Islã (*al-Ummah*) formaram-se durante a luta (*Jihad*) pelo controle de Meca, inspirada pela crença de que todos os muçulmanos são irmãos e devem combater todos os homens até que reconheçam que só há um Deus (*Tauhid*). Maomé estabeleceu a paz entre as tribos árabes e com as comunidades judaicas, retomando Meca em 630. Fez então de Caaba (com sua Pedra Negra), sem seus ídolos, um ponto de peregrinação e culto a Alá. Morreu dois anos depois, deixando uma comunidade espiritualmente unida e organizada política e socialmente em torno dos preceitos do Alcorão.

Maomé primeiramente conquistou os povos da Península Arábica. Seu sucessor, o califa Abu-Bekr (632-634), passou à conquista da Síria, então pertencente ao Império Bizantino, tomando Damasco já em 632. Omar (634-644), por sua vez, conquistou Jerusalém, Alepo, Tiro, Beirute e Antioquia (638). Conquistou também, ou fez conquistar, o Egito e o Império dos Sassânidas da Pérsia. A dinastia dos Omíadas (661-750), com o califado sediado em Damasco, prosseguiu a conquista da África. Em 711 dava-se a invasão da Espanha e, em 732, Carlos Martel, rei dos francos, continha a guerra santa.

A expansão do islã deve ser observada em sintonia com as características do islamismo, que apresenta traços em comum com o judaísmo e o cristianismo. O Islã é a submissão a Deus, a obediência aos comandos de Alá. Alá é o Deus único; Maomé é seu Profeta, o último dos enviados de Alá, depois de Adão, Noé, Abraão, Moisés, David e Jesus. Assim, a religião islâmica tomou empréstimos ao judaísmo e ao cristianismo. A alma é imortal, destinada no além a penas ou a recompensas.

A religião dos muçulmanos condena, até os dias atuais, o culto a santos, altares, o dízimo, a adoração da natureza ou a qualquer outro ser que não Alá.

Os preceitos do Islã encontram-se no Alcorão, livro sagrado dos muçulmanos que contém a declamação das palavras e dos significados divinos revelados ao profeta Maomé. Os versículos do Alcorão foram registrados em folhas de tamareiras, pergaminhos de seda, ossos de camelos e carneiros, tabuletas de madeira e também papel. Poucos árabes na época conheciam a escrita. Esses registros foram guardados na casa do Profeta. A cada nova revelação era a *surat* recitada ao maior número possível de companheiros; os que não eram alfabetizados memorizavam. As repetições eram freqüentes, e todos se incentivavam a ensinarem uns aos outros.

Em certo sentido o Alcorão pode ser considerado um Código Divino que constitui a vida econômica, política, moral, religiosa, científica e intelectual. Segundo o livro sagrado dos muçulmanos, todos os povos antigos tiveram seus profetas, mas ninguém sabe ao certo quantos foram: o Alcorão enumera vinte e cinco nomes.

A fé islâmica também realça a presença de *anjos* de várias categorias que operam em diversos campos de trabalho: anjos que guardam o inferno, anjos de guarda (responsáveis pelos humanos), anjos de chuva, anjos da morte e até aqueles que anotam em livros todos os atos dos indivíduos.

Além da crença em anjos, o islamismo também defende a existência dos chamados *gênios*, sendo a única religião que descreve esses seres de fogo invisíveis e de hábitat noturno que podem se materializar (em ser humano ou animal) bom ou mau. Sua vida é idêntica à do homem e se distinguem em várias classes sociais. Podem ser médicos, advogados, religiosos, comerciantes, marginais etc., também podendo ter todas as coisas que os homens têm, inclusive família.

Por ocasião do nascimento, cada ser humano tem a companhia um *gênio*, chamado *Carin*, que estará com a pessoa até a morte. O *gênio* mal é conhecido pelo nome de Iblis (líder dos espíritos malignos com características semelhantes às do demônio do cristianismo); este e seus companheiros não favorecem ao homem. Iblis era uma criatura feita de fogo sem fumaça por Deus. Após desobedecer Alá, foi lançado à Terra juntamente com Adão e Eva, após induzi-los a comer do fruto proibido.

A questão do arbítrio humano na fé islâmica também é ressaltada. Nessa religião, a exemplo do cristianismo, em meio a todas as coisas a que deu existência, Alá concedeu ao homem o livre arbítrio para escolher entre o caminho do bem e o do mal.

Obrigações religiosas dos muçulmanos

Os muçulmanos têm as obrigações de orar cinco vezes por dia e jejuar do nascer ao pôr-do-sol durante um mês (*ramadam*). Não existe clero, mas pessoas que dirigem as orações (o imã), pregadores do serviço religioso de sexta-feira (o *khaith*) e arautos que anunciam a hora da oração (*o almuadem*). A oração ritual (ao nascer do sol, ao meio-dia, no meio da tarde, ao pôr-do-sol e à noite) deve ser voltada para Meca, e o muçulmano deve estar prostrado com a fronte por terra, após a convocação pública vinda dos minaretes.

Todo homem muçulmano também deve, pelo menos uma vez na vida e dependendo de suas condições físicas e econômicas, fazer uma peregrinação à cidade sagrada de Meca na época do *Eid el Adha* (tradicional festa que relembra o sacrifício do cordeiro por Abraão para Deus). Essa obrigação pode ser feita também por meio de um procurador.

Os templos dedicados ao culto muçulmano denominam-se mesquitas, embora em árabe seja feita uma distinção entre mesquitas de dimensões menores e maiores, conforme sejam ou não divididas em função da categoria social. Estas últimas são denominadas como *masjid jami*. A palavra *masjid* significa templo ou local de culto e deriva da raíz árabe *sajada* (raíz s-j-d, prostrar-se, em alusão às prostrações realizadas durante as orações islâmicas). As mesquitas também desempenham um papel comunitário e são as formas mais expressivas da arquitetura islâmica.

A ausência de uma classe sacerdotal e a expansão do islamismo

Jayme de Altavila (2001, p. 123) observa que a doutrina de Maomé anulava praticamente a classe sacerdotal e não exigia templos: cada quadrilátero de um tapete era uma mesquita transportável onde os fiéis fariam as orações voltados para a direção de Meca. Esse sistema religioso adaptava-se ao nomadismo do povo de Maomé, até então disperso como um *rebanho sem pastor*.

Ilustrando a observação de Altavila, encontramos o pensamento de René David (2002, p. 512) ressaltando que a concepção que dirige o islã é de uma sociedade teocrática, na qual o Estado não tem valor senão como servidor da religião revelada.

Os sucessores de Maomé proporcionaram uma rápida expansão do islamismo, sendo que em um século os Califas (vigários) conquistaram a Síria, o Egito, o Maghreb, a Espanha e mesmo a Gália (até sua derrota em Poitieres em 732), a Pérsia, o Turquestão, mais tarde a Índia e a Indonésia. Os grandes impérios muçulmanos dominaram do século VIII ao IX da nossa era; os Abássidas mantiveram o poder em Bagdá até o século XIII. Do século XIII ao XIX, o Império Turco dominou uma grande parte do mundo muçulmano.

Salvo alguns principados do Norte, a Península Ibérica foi muçulmana por vários séculos. De lá partiu a *Reconquista*: movimento com início no século VIII que visava à recuperação cristã das terras perdidas para os árabes durante a invasão da Península Ibérica. Lisboa foi conquistada em 1147, Córdova em 1236, Granada em 1492.

Atualmente a evolução do islamismo é uma realidade no âmbito da sociedade global, representando 20% da população mundial (em 1997), perdendo tão-somente para o Cristianismo em números de adeptos.

No mundo pós-Guerra Fria, o conflito de superpotências vem sendo suprimido por uma espécie de conflito entre culturas. A tendência da "ressurgência islâmica" representa uma espécie de ameaça ao monopólio imperialista da elite oligárquica anglo-americana, tendo fomentado sérios conflitos envolvendo países do Oriente Médio, a exemplo da Guerra do Golfo de 1991 (conflito internacional militar entre Kuwait e Iraque, na região do Golfo Pérsico, com a participação dos Estados Unidos da América), o atentado de 11 de setembro de 2001 (uma série de ataques terroristas contra alvos civis nos Estados Unidos) e a Invasão do Iraque (2003).

A *Jihad* é um conceito essencial da religião islâmica cuja tradução literal é exercer esforço máximo. Pode também ser entendida como uma luta, mediante vontade pessoal, de buscar e conquistar a fé perfeita.

10.2. FONTES DO DIREITO ISLÂMICO

O direito islâmico ou muçulmano nasceu nos séculos VII e VIII originalmente na Arábia e posteriormente nos territórios africanos e asiáticos conquistados pelo islã; é o direito da comunidade de fiéis que professam a religião islâmica em diferentes regiões.

A cultura jurídica islâmica formou-se no período da Alta Idade Média, tendo se estagnado sem uma grande reforma, o que explica certos institutos arcaicos e a dificuldade de modernização. Apresenta-se como um sistema original em que a semelhança com outros sistemas é mera aparência. Por outro lado, em que pese a secular dominação árabe em grande parte da Europa, a influência de seus direitos nos países europeus é praticamente nula. No paradigma ocidental, o direito islâmico manteve-se por assim dizer fundamentalista, como sua própria cultura, sem o rompimento e as modernizações que sofreu o mundo cristão romano-germânico, explicam-se assim as barreiras e diferenças culturais irreconciliáveis em nossa era.

Ao lado do direito hindu e chinês, o direito islâmico pode ser considerado um sistema de direito religioso pela quase inexistência de separação entre direito e religião.

A doutrina tem ressaltado diferenças entre a consolidação do cristianismo e a questão da interpenetração da religião, moral e direito na tradição islâmica. Conseqüentemente, ainda se impõe uma tradição jurídica muçulmana fortemente arraigada. Nas palavras de Nascimento (2003, p. 173), conquanto a ortodoxia islâmica se tornasse menos inflexível em grande parte do seu campo de influência, religião e direito se confundiam na aplicação das normas disciplinadoras de sociedades que, em nossos tempos, contam com mais de 400 milhões de muçulmanos. É aí que o islamismo se mostra bem distinto do cristianismo, cuja fonte comum a ambos, como sabemos, é o judaísmo. O cristianismo encontra-se consolidado na Idade Média e, por via de conseqüência, está cada vez mais fortalecida a Igreja, que, ao criar um direito próprio – o canônico – com base notadamente no direito romano, muito concorreu para que ressurgisse dominante na esteira do chamado fenômeno da sua recepção no século XII. Por sua vez, em quase todo o Oriente Médio, em vasta extensão da Ásia, regiões da África e até em pontos do Ocidente, o islamismo, desde também a fase medieval, conservou fundamentalmente os princípios do maometismo, no que se caracterizou, frise-se, através de um misto de religião, moral e direito.

Assim, enquanto o cristianismo desenvolveu um direito canônico ao lado do direito laico, o islamismo demonstrou a tendência de não separar a religião do direito islâmico.

Muitos países, onde predomina a religião islâmica, não adotaram regimes laicos, subsistindo Estados Islâmicos (Afeganistão), ou Monarquias islâmicas, com a aplicação da *Shari'ah* (Arábia Saudita, Catar, Omã). Há, outrossim, repúblicas parlamentaristas ou presidencialistas que adotam a Lei do Islã, como fonte para a resolução de conflitos (Egito, Irã, Iraque, Líbia, Marrocos, Síria e Paquistão).

A *Shari'ah*

A *Shari'ah* é uma lei canônica que usa o Alcorão como fonte de leis regentes da ética e da política. Aplicável a toda comunidade, classifica todos os atos humanos em cinco categorias: dever absoluto (*fard*), ações elogiáveis (*mustahabb*), ações permissíveis (*jaiz*, *mubah*), ações repreensíveis (*makruh*) e ações proibidas (*haram*).

O aspecto religioso do Islã é forte mas não impediu totalmente o aparecimento de um direito laico. Fortalecida ou enfraquecida esta ou aquela fonte, com a participação ativa dos juristas, ao lado de um direito religioso, mais incidente no tocante ao estado das pessoas, às sucessões e aos bens fundiários de entidades pias, é que se foi desenvolvendo um direito laico, escrito ou costumeiro, em matéria civil, comercial, constitucional, administrativa, penal, trabalhista e processual. Esse fato, como observa René David, ensejou a introdução no sistema islâmico de regras do direito romano-germânico e da *common law*, embora se conservassem disposições do direito original.

O direito islâmico é uma das faces da religião muçulmana que compreende a teologia que fixa os dogmas de suas crenças e a *Shari'ah* (Lei). A palavra *Shari'ah* (Lei), significa canal de água pura, permanente, que abastece os caminhos por onde passa, sacia o sedento e auxilia a coletividade. Conforme o significado, indica que o lugar deve ser sempre limpo, preparado, para que a água corra límpida, cristalina por entre montanhas, campos, propriedades e cidades.

A *Shari'ah* (ou *Châr'ia*) corresponde ao que os ocidentais definem como *direito*, compreendendo inclusive os deveres dos crentes perante Deus (orações, jejuns etc.). A *Shari'ah Al Islamia* se divide em três partes que devem ser praticadas conjuntamente: *Tawhid* (dogma) da unicidade divina; *Aqhlak* (moral) e *Feqh* (ou *Figh* – conjunto de soluções preconizadas para obedecer a *Shari'ah*).

As quatro fontes da *Shari'ah* são denominadas: a) Alcorão (*Korão, Corão, Qorân*), b) *Sunnah* e *H'adiths*, c) a aceitação das novas regras de direito como consenso da comunidade muçulmana (Al Ijma'a, Idjmâ ou Idjamâe); d) analogia (*Al Kiace, Al Qiyaas ou Qiyâs*).

a) Alcorão (*Korão, Qorân*)

O Alcorão (Corão – recitação) contém a palavra de Deus revelada ao profeta Maomé; é o livro sagrado do islamismo, revelado ao profeta pelo arcanjo e redigido ao longo dos cerca de vinte anos de sua pregação. É fixado entre 644 e 656, sob o califado de Uthman ibn Affan, com 6.236 versículos agrupados em 114 suratas (capítulos), organizadas por temas. Contém a história das revelações divinas de Adão à Maomé, passando por Abraão, Moisés e Jesus, e também prescrições culturais, econômicas, jurídicas, estéticas e morais dirigidas à conduta individual, familiar e social dos muçulmanos.

Uma comissão fixou o primeiro texto oficial do Alcorão por volta de 650, enviando cópias do texto sagrado para todas as cidades. Mas somente no século X essa versão foi aceita de forma uniforme.

Conclui-se, com John Gilissen (2003, p. 119), que o Alcorão traduz ao mesmo tempo história sagrada e profana: não é um livro de direito, mas uma mistura de história sagrada e profana, de máximas filosóficas, de regras respeitantes aos rituais. Apenas cerca de um décimo dos versículos pôde ser utilizado pelos Doutores da Lei para elaborar o *Figh*; trata-se sobretudo de decisões que dizem respeito a casos especiais, nomeadamente em matéria de sucessões; as sanções previstas são na maior parte dos casos penas sobrenaturais, sobretudo o inferno.

Mais ainda, ressalta Jayme de Altavila (2001, p. 127) que na tradição muçulmana o Alcorão está no topo de todas as leis: desta maneira, é sempre uma lei de hierarquia máxima, dispondo de uma prevalência rigorosa e, ao mesmo tempo, controladora. Deve-se compreender que, dentro do livro que significa recitação ou declaração, não há propriamente direito público e direito privado, mas sim direitos de Alá e direitos dos homens.

Inexistindo a clássica divisão entre *direito público* e *direito privado*, típica dos sistemas jurídicos ocidentais, existe um *direito divino* superior aos *direitos dos homens*, e até os dias atuais, alguns países islâmicos convivem com a aplicação do Alcorão regulando suas aspirações pelas palavras do profeta Maomé.

b)* Sunnah *e* H'adiths *(constituindo as coletâneas das decisões e soluções de Maomé).

Ao conjunto de atos, comportamentos, palavras e até silêncios de Maomé chamamos *Sunnnah.* John Gilissen (2003, p. 120) compara a *Sunnah* aos Evangelhos dos Cristãos, relatando a vida de Jesus. Cada uma das ações de Maomé compõe um *H'adith*, a narração de um fato ilustrativo do pensamento do Profeta. Numerosas compilações dessas ações foram realizadas entre os séculos VIII e IX.

Assenta-se, em René David (2002, p. 515-516), a existência de discussões em relação à autenticidade da *Sunnah.* A Suna relata a maneira de ser e de se comportar do Profeta, cuja memória deve servir para guiar os crentes. É constituída pelo conjunto das *h'adith*, isto é, as tradições relativas aos atos e propósitos de Maomé, contados por uma cadeia ininterrupta de intermediários. Dois grandes doutores do Islã, El Bokhâri e Moslen, dedicaram-se no século IX da nossa era, a um trabalho minucioso de pesquisas e de verificações dogmáticas que visam discriminar os *k'adith* autênticos do Profeta. O trabalho realizado por eles e por outros autores da mesma época estabeleceu, de modo sólido, as bases da fé muçulmana, mesmo se atualmente se reconhece que alguns dos *h'adith* recolhidos sejam, no que concerne à sua ligação com Maomé, de autenticidade discutível.

Contestam a autenticidade dessas decisoes, por exemplo, os membros da seita Xiita. Os xiitas consistem em partidários de Ali Ibn Abi Taleb (marido de Fátima, filha de Maomé), que consagraram fidelidade aos descendentes do Profeta, concentrando-se geopoliticamente no Iraque, Iêmen e Irã. Os Sunitas são os seguidores da tradição do profeta continuada por All-Abbas, seu tio.

Originariamente os xiitas viviam em Kufa (Iraque), recusando-se a serem governados por Muawiya (da Síria) porque defendiam que o governo fosse exercido por alguém da família do Profeta (no caso Ali, genro e sobrinho de Maomé e cujo poder havia sido usurpado). Os xiitas deram início, então, a um movimento no seio da comunidade islâmica, e sua revolta foi violentamente reprimida na batalha de Kerbala (680 d.C). Na ocasião os membros da família de Ali Ibn Abi Taleb foram mortos brutalmente e a batalha de Kerbala tornou-se um marco importante na história xiita, transformando o martírio em parte de sua religião após esse sangrento episódio.

A transmissão da *sunnah* são os *h'adiths*, ou seja, a narração desenvolvida à medida que o Alcorão foi sendo revelado. A maioria da população muçulmana é *sunita*, e a *sunnah* traz a observância de todos os princípios divinos para equilíbrio dos direitos existentes nas sociedades.

Os xiitas não seguem a maioria dos *h'adith* (ou *ahadt*) e admitem a liderança político-religiosa de um xeque denominado Aiatolá (detentor da palavra final para qualquer situação).

A *sunnah* reconhece ao Estado o *jus puniendi* (direito de punir), apresenta um número ilimitado de interpretações para soluções aos problemas humanos e formula definições que, apesar de exteriores ao Alcorão, são convenientes à Lei Islâmica.

*c) O Acordo Unânime da Comunidade Muçulmana (***Al Ijma'a, Idjmâ** *ou* **Idjamâe***)*

Diante das dificuldades em solucionar questões da comunidade, após a morte de Maomé os muçulmanos recorriam ao consenso de um grupo de sabedores do Alcorão e da *sunnah* buscando respostas aos problemas argüidos pelas partes litigantes.

Na lição de El Sawy Said (2005 b, p. 31): "Desse modo foi possível desenvolver os assuntos que não podiam ser tratados, pois, as condições exigiam a interpretação adaptada ao momento vivido, pela falta de uma jurisprudência específica". Assim, o *Al Ijma'a* foi aplicado nos diversos ramos da processualística islâmica.

O *Al Ijma'a* significa o acordo unânime de um grupo, que inicialmente foi representado pelos companheiros de Maomé e modernamente é composto por um grupo de *ulemas* (religiosos sabedores da *Shari'ah Al Islamia*).

Gilissen (2003, p. 120) observa que basta o acordo dos "Doutores da Lei", não sendo preciso o consenso da multidão dos Muçulmanos: se este acordo é atingido, a solução não pode ser contestada, porque segundo um *h'adith* de Maomé: "A minha comunidade nunca chegará a acordo sobre um erro". O *idjamâ* é portanto a interpretação infalível e definitiva do Alcorão e da Sunna; os juízes nunca podem interpretar eles próprios estas duas fontes da Lei; não podem conhecer senão o *idjamâ*, fonte dogmática do *Figh*.

A elaboração dessa obra se deu entre os séculos VIII e IX da nossa era, do ano 100 ao ano 300 da Hégira. Para os muçulmanos, no ano 300 (922 da era Cristã) a interpretação das fontes da lei revelada tornou-se imutável.

Vicente Rao (2005, p. 171) admite que há diferentes vias, ritos ou escolas para atingir a verdade, distinguindo-se os juristas muçulmanos em quatro ritos principais: os *Hanefitas*, os *Schafeitas*, os *Malakitas* e os *Hambolitas*.

d) A Analogia (Al* Kiace, Al Qiyaas *ou* Qiyâs*)

Em determinadas situações os métodos de crítica e interpretação para o conhecimento do direito não são suficientes, porque pode ocorrer que inexista preceito abstrato para um determinado caso concreto e, nesse caso, o operador do direito deve suprir, por semelhança, a lacuna da norma jurídica. Essa atividade denomina-se *analogia* (por semelhança, presume-se a vontade do legislador).

O raciocínio por *analogia* é considerado uma das fontes da Lei revelada: o primeiro a utilizar o *Al Qiyaas*, foi Abu Hanifa Annuman Ibn Sabet, tendo por base substancial de seu raciocínio o Alcorão. O *Al Qiyaas* pode ser considerado o aproveitamento das evidências que estão no Alcorão, na Sunna e no *Al Ijma'a*, ou simplesmente, entendido no sentido exato da palavra, por analogia. Busca-se nele estabelecer os fundamentos que vão suprir as lacunas da lei, trazendo métodos lógicos que serão adaptados às fontes originais diante dos casos concretos. Sua aplicação é de suma importância porque emprega nas provas o respeito aos *ahadt*, analisando com profundidade o que proíbem ou aconselham. Assim, na interpretação, o *Al Qiyaas* exprime a penetração da matéria, esgotando todas as disposições dos textos, até encontrar a resposta para a conclusão do conflito. Logo, o *Al Qiyaas* é prova de raciocínio, cujas disposições das regras devem ser rigorosamente cumpridas. Graças à curiosidade hermenêutica de Abu Hanifa, que se deu ao trabalho de investigar sobre os casos que não foram especificados nas fontes originais, percebeu-se que pelo analogismo chegar-se-ia aos seus princípios. Essa faculdade, para Mabrouk (2005b, p. 33), procede em expor diante das provas originais correlação com a matéria argüida, comparando-se entre si, passando da comparação para a afirmação da relação que as una. Por exemplo, comprovam o Alcorão e a Sunna a proibição da ingestão de bebidas alcoólicas, do jogo de azar e da magia nos termos da Surata 5 (a mesa servida), versículo 90 e 91.

Dentre outros ensinamentos, o Profeta Maomé em dada época teria questionado aos seus companheiros: *Qual vossa opinião sobre os méritos de uma pessoa que bebe licor, comete adultério e rouba? Qual deveria ser a sua opinião?* E concluiu: "*esses são pecados mortais e a punição por eles é severíssima*".

O moderno Direito Islâmico, em decorrência do texto do Alcorão, por analogia, proíbe e pune, além da ingestão de bebida alcoólica, o tabagismo e o uso de drogas, hábitos que inexistiam à época do Profeta Maomé, mas que causam efeitos negativos à mente e à saúde dos indivíduos de modo semelhante ao alcoolismo.

De modo diferente ao dos sistemas jurídicos ocidentais, em que as matérias são expostas conforme os tipos jurídicos que exprimem as qualidades de cada infração em particular, o Alcorão fornece uma generalidade ampla de conceitos, configurando um plano geral. Assim, para decidir uma questão envolvendo o uso de drogas (inexiste tratamento específico sobre o assunto no Alcorão, Sunnna ou *Idjamâe*), o magistrado recorrerá à regra geral que proíbe o uso de qualquer substância inebriante.

O mestre Abu Hanifa, pioneiro na utilização da analogia, vivia na região que atualmente corresponde ao território do Iraque e utilizava pouco a Sunna, temendo que as pessoas pudessem utilizá-la com significação distinta. Posteriormente os seguidores de Abu

Hanifa passaram a utilizar a Sunna com maior freqüência que o *Al Qiyaas*.

Gradualmente o *Al Qiyaas* trouxe também certos problemas de interpretação, sendo preterido em relação ao *Al Istehsan* criado pelos hanifitas (seguidores de Abu Hanifa). O *Al Istehsan* é uma operação de raciocínio que, através das relações das provas, conclui pela mais forte. Reserva-se ao problema da reforma da interpretação, ou de uma sentença julgada em Segunda Instância, constituindo-se a indenização ou multa, a sanção a ser aplicada. Constata-se que, numa relação jurídica em que o consumidor perde várias peças de roupas numa lavanderia, sem que esta fosse assaltada, o proprietário deverá assumir os prejuízos causados pelo extravio e reembolsar o cliente em dinheiro.

A consciência jurídica do *Al Istehsan* encontra-se numa relação de dependência com a realidade social.

10.3. ESCOLAS *SUNITAS* DO DIREITO ISLÂMICO

A *Sunnah* é a segunda fonte doutrinal do islamismo. É um compêndio de leis e preceitos, baseados nos *hadith* (ditos e feitos), palavras e exemplos do Profeta Maomé.

A exemplo da subdivisão do cristianismo na Europa, fazendo surgir o catolicismo, o protestantismo e até mesmo a Igreja Ortodoxa Oriental, o islamismo passou por semelhante processo.

As principais divisões sunitas dos muçulmanos são as seguintes: os hanifitas, os malekitas, os chafeitas e os hanbalitas. Esses ritos são denominados sunitas porque respeitam a *Sunnah*.

Os árabes valeram-se do uso dos preceitos religiosos nas notáveis campanhas muçulmanas que direcionavam as tribos à observância dos mandamentos divinos. O Profeta Maomé estabeleceu um regime legal de organização judiciária, instituindo a atuação do Poder de Justiça na solução dos litígios entre os muçulmanos. Um grupo de companheiros do Profeta Maomé (conhecedores do Alcorão e da língua árabe) exercia as funções de operadores jurídicos.

As controvérsias eram decididas no interior das Mesquitas, e o Profeta Maomé chegou a desempenhar as prerrogativas de juiz, decidindo com base no Alcorão. As questões geralmente eram trazidas oralmente para que, depois da análise das provas e alegações das partes, as controvérsias fossem decididas. Nessa prática apareceram os conhecimentos na explicação do Alcorão que possibilitaram o surgimento da Sunna.

Em 632 d.C. morreu Maomé aos sessenta e três anos de idade, e seus seguidores continuaram buscando no Alcorão e na Sunna as soluções dos conflitos, passando a comunidade muçulmana a aceitar as decisões fundamentadas por esse tribunal; contudo, ainda assim havia dificuldades para os operadores jurídicos: com freqüência novas divergências apareciam para os *sahabat* (companheiros do Profeta), cujas condições de provas não estavam regulamentadas pelo Alcorão nem pela Sunna, dificultando ainda mais os esclarecimentos das alegações em juízo e as decisões definitivas dos fatos. Daí fixaram novas técnicas jurídicas, buscando no *Al Ijma'a* o que não podia ser respondido pelas fontes originais.

Na época do quarto Califa Ali Bem Abi Taleb os muçulmanos dividiram-se em três partidos políticos (*Al Rawereje, Ashi'shiat* e *Sunita*), e cada linha partidária desenvolveu conceitos básicos do Islã sem, contudo, comprometer os pilares da religião, mas asseguraram o direito de representação política conforme suas linhas de pensamento. Para Mabrouk (2005b, p. 59) é interessante mencionar esse problema, tendo em vista, nessa época, século II da Hégira, o Estado Islâmico continuar a exercer suas atividades de princípios teocráticos, não apenas em Al Madina, mas em toda a Arábia, absorvendo o Irã, Iraque, Síria, Egito etc.

O citado professor explica ainda que essa sociedade teocrática favoreceu o nascimento dos movimentos culturais que caracterizaram a expansão das artes, da ciência, do *Al Feqh* e o aparecimento das grandes invenções que determinaram, inclusive, o florescimento da cultura européia, com a penetração muçulmana no Ocidente.

Contrastadas numa realidade cultural mais moderna que a da época do Profeta Maomé, passam a surgir muitas divergências entre as relações científicas e religiosas. Alguns xeiques (entre os árabes, xeique é o chefe da tribo ou soberano) tinham tendências diferentes dos demais e contestavam algumas teorias fazendo surgir diferentes Escolas de Direito Islâmico.

No Direito Islâmico, a Escola Sunita é apontada como a maior de seu quadro e corresponde a quatro subdivisões: Hanifita, Malekita, Chafeita e Hanbalita. Todas essas escolas utilizaram o Alcorão, a Sunna e o *Al* Ijma'a como realce das fontes probatórias não originais. Essas escolas constituem a jurisprudência islâmica que auxiliam o magistrado no desígnio de suas funções.

Na época do surgimento das Escolas de Direito Islâmico o domínio dos árabes muçulmanos abrangia o Estado Islâmico desde o Norte da África até a Espanha, penetrando ainda a Síria, o Irã (antiga Pérsia) e toda a Ásia Central, chegando ao leste da China. A jurisprudência dos califas não atendia satisfatoriamente à demanda dos novos problemas sociais, e a interpretação no direito islâmico tornava-se gradativamente mais dinâmica. A jurisprudência passava a ser aplicada como parte da Ciência do Direito formada pelo conjunto de inúmeras decisões que produziam novas explicações acerca das controvérsias jurídicas e de fatos análogos entre os homens.

Para atender às novas exigências sociais surgidas no âmbito do Estado Islâmico começaram a aparecer Escolas que diferiam entre si nos critérios de solução dos conflitos, mas sem se afastarem, contudo, da natureza divina do Direito Islâmico.

As distinções dos muçulmanos em ritos refletem-se no direito e no mundo islâmico divididas em quatro sistemas jurídicos denominados: *hanifita, malekita, chafeita* e *hanbalita,* cada qual apresentando características particulares.

As divergências entre as escolas são em relação a concordância ou não em relação a fatos proibidos (*haram*) ou desaprovados (*makruh*), não atingindo os pontos doutrinários da mensagem profética de Maomé nem sendo permitido o direito de se ab-rogar um preceito religioso. Cada mesquita adota a escola jurídica que mais corresponda ao perfil de seu povo, e todas as escolas de direito islâmico podem ser utilizadas em qualquer sistema jurídico de acordo com a realidade de cada nação.

a) Escola Hanifita

Na busca da interpretação exata do sentido da Lei, o iman Abu Hanifa Annuman Ibn Sabet Bem Zouti (mais conhecido por Abu Hanifa, falecido em 767 d.C.) representa uma tendência mais liberal na interpretação das fontes do Direito Islâmico, trazendo um conhecimento renovado em sintonia com a evolução da sociedade de sua época e extensivo às decisões atuais dos tribunais muçulmanos. Fundamenta-se no uso da mente para substituir as lacunas e inexistência de prova no Alcorão e na Sunna. Observando os *ahadt*, a Escola Hanifita faz uso da analogia para depois tratar os problemas por meio do *Istehsan*.

Abu Hanifa nasceu em Kufa (atualmente cidade de maioria xiita situada ao sul de Bagdá, no Iraque) e cedo foi investido na educação religiosa, tendo feito a peregrinação à Meca ainda muito jovem, aos dezessete anos de idade, e passando a se dedicar ao estudo do Alcorão, da Sunna e da Filosofia. Comerciante de roupas e tecidos, Abu Hanifa ministrou aulas na mesquita de Kufa e era considerado um homem piedoso não apenas em relação aos vizinhos muçulmanos. Em virtude de suas interpretações nas conclusões jurídicas, Hanifa chegou a ser convidado pelo governo para exercer o cargo de magistrado, mas declinou do convite sem deixar, entretanto, de continuar firmando seus preceitos com grande emprego do raciocínio lógico.

O fundador da Escola Hanifita não escreveu nenhuma linha sobre o *Al Feqh*, mas selecionou alguns *ahadt* do Profeta Maomé numa coletânea denominada *Mosnad Abi Hanifa*.

Graças a seu modo peculiar no trato da lei, Abu Hanifa congregou muitos alunos, sendo o principal deles Abu Yussef Jacob Ibn Ibrahim Al Ansaari Al Ckufi (117 a 183 a.H.), considerado o maior juiz de Bagdá durante o governo do califa Harum Al Rachid. Os seguidores da Escola Hanifita elaboraram posteriormente muitos escritos, e o fundamento legal dessa escola decorre da conformidade jurídica, sendo considerado o Alcorão, a Sunna e o *Al Ijma'a*, os juízos primeiros e retentores da posse da verdade, sob a forma de *Al Qiyaas* (analogia), *Al Istehsan* (operação de raciocínio que através das relações das provas conclui pela mais forte) e *Al Orf* (qualquer costume do povo que não seja contrário ao Alcorão, a Sunna e o *Al Ijma'a*).

Pode-se afirmar que o *Al Istehsan* da Escola Hanifita garante que a sociedade não pode evoluir sem cobrir as necessidades sociais. Assim, se uma pessoa deu para outra uma área agrícola, acordando em utilizá-la sem a disponibilidade da água no local, o *Istehsan* impede de maneira precisa esta transação, por ser a água indispensável à agricultura. Logo, a água deve ser repassada com o título de propriedade para a parte beneficiária, ficando assegurado o uso da terra e da água.

Na opinião de Gilissen (2003, p. 121-122) o rito Hanifita é a tendência mais liberal na interpretação das fontes graças a uma argumentação racional. Esse rito é aplicado na Turquia, no Paquistão, no Egito e esteve presente em algumas repúblicas muçulmanas da extinta URSS.

Do rito Hanifita é possível extrair alguns princípios: para apreciar um ato, deve investigar-se a intenção; um fato averiguado não pode ser contestado pela única razão de que o contrário é possível, donde se deduz que, em princípio, fica-se livre de qualquer obrigação; a necessidade torna lícito tudo aquilo que é proibido; em princípio, manter o silêncio não tem significado jurídico.

b) Escola Malekita

Malek Ben Anaas Ben Abi Aamer viveu em Al Madina, falecendo aos oitenta e dois anos de idade, em 795. Sua doutrina foi centrada nos estudos dos *h'adith* (ou *ahadt*). Antes de iniciar suas aulas sobre a doutrina do profeta Maomé tomava banho completo simbolizando uma purificação. Influenciava-se pelas tradições do povo de Al Madina, aplicando os *ahadt* na solução de problemas não explicitados no texto do Alcorão.

A escola denominada *Al-Hudit*, fundada por Malek, buscava transmitir de forma imparcial os passos do profeta Maomé de forma serena e calma, sem mecanismos preestruturados, mas delimitando precisamente as interpretações e ensinamentos de Maomé.

Na sua obra *Al Muataa* fez uma exposição da *Sunnah* e dos costumes do povo medinense, sendo este livro bem aceito entre muitos filósofos islâmicos. Malek influenciou também alunos de outras escolas de direito islâmico, ampliando a noção do *Al Feqh*.

A contribuição muçulmana para o conhecimento ocidental foi relevante no campo da filosofia racionalista: o persa Ibn Sina e o espanhol Averrois repercutiram-se nas lições de Aristóteles, influenciando a obra de São Tomás de Aquino.

Na Europa, a Escola Malekita penetrou em Andaluz, cujo território abrangia Espanha e Portugal, e a legislação européia recebeu influência malekita, tendo seus preceitos sido usados até por Napoleão. Até os dias atuais a Escola Malekita é influente ao Norte da África, Sudão, Egito e sul da França. Alunos de outras escolas estudaram a concepção filosófica malekita, ampliando os horizontes da Ciência Jurídica Islâmica.

Certos sistemas jurídicos ocidentais reproduziram alguns ensinamentos da Escola Malekita, a exemplo da figura da bilateralidade contratual (segundo Malek, quem compra passa a ser proprietário quando as partes ajustam por escrito a transmissão acordada), a interdição sobre a pessoa (o interdito perde a disposição e a administração dos seus bens em face de doença comprovada por um especialista e seus bens passam a ser administrados por um terceiro).

No rito malekita a jurisprudência se adequaria ao vínculo social-costumeiro, não esgotando as posições jurídicas em face ao lícito e ao ilícito e entre o permitido e o proibido nas sociedades muçulmanas.

Dispondo de forma livre sobre as classificações, no campo contratual a Escola Malekita dispunha sobre os requisitos de validade de um ato, definindo como ilegal todo aquele ato praticado em desconformidade com a legislação e a jurisprudência desenvolvida pela *Shari'a Al Islamia.*

A Escola Malekita utilizava do método *Al Maslahato Al Morsalato,* sempre usado quando não se encontrava prova no Alcorão e na *Sunnah.* Embora esse sistema investigatório não pudesse contrariar o Alcorão, a *Sunnah* e o *Idjamâe,* racionalizava o que fosse melhor para a vida da comunidade islâmica, sendo especialmente indicado na proteção da justiça para desenvolvimento do bem estar social.

O *Al Maslahato Al Morsalato* seria indicado nas matérias referentes ao interesse do estado e seu povo em que o magistrado deve pautar suas decisões mantendo a segurança da sociedade. A dinâmica desse procedimento possibilita decisões arbitradas na adequação das mutações sociais ao conteúdo do sistema de Direito Islâmico.

c) Escola Chafeita

A Escola Chafeita foi fundada pelo imam Mohammad Ibn Idris Ach Chafi'i, nascido na Palestina, no ano 150 da Hégira. Discípulo de Malek, durante a juventude morou em Meca, indo posteriormente trabalhar no Egito, onde veio a falecer. Os Egípcios foram muito influenciados pela Escola Chafeita, utilizando muitos de seus conceitos doutrinários.

O modelo Chafeita era inspirado principalmente na *Sunnah*, tendo sido construído após inúmeras viagens e contatos diretos com aqueles que guardaram as manifestações do profeta Maomé (diferentemente de Malek, que recolheu suas informações junto ao povo madinense).

Antes da Escola Chafeita não se pensava numa ciência da lei fora da realidade sensível, longe das leis e das codificações, tendo por objeto a reprodução e a regulamentação da conduta do homem, com seu direito de liberdade baseado nas premissas islâmicas e oposto a qualquer oposição.

No sentido amplo, buscou elucidar as noções específicas do Direito Islâmico, denominando essa ciência "Raízes da Lei", cuja obra Al Omo (A Mãe), demonstra a exposição analítica dos diversos ramos da interpretação alcorânica, passando a ser conhecida por *Ossoulo AI Feqh*. Segundo juristas e pesquisadores islâmicos, essa ciência determinou o surgimento da Filosofia da Lei, bem como aprofundou os estudos dos fundamentos da legislação muçulmana por meio da interpretação latente do texto legal.

A Escola Chafeita se desenvolveu no Iraque, Egito, Golfo (todo), Síria, Líbano e Arábia Saudita, concebendo conceitos jurídicos fundamentais e facilitando o estudo da Ciência Jurídica entre os islâmicos.

d) Escola Hanbalita

Fundada por Ahmad Ibn Hanbal, a Escola Hanbalita (desenvolvida na Arábia Saudita, Egito e Kuwait) fez uma ampla análise de milhares de *ahadt* recolhidos, descrevendo-os no livro *Musnad Ahmad lbn Hanbal.* Conforme El Sawy Said (2005b, p. 67), a ideologia interpretativa dos *ahadt*, para Hanbal, apresenta valores que foram individualizados de acordo com o transmissor (*sahabat*) e, de modo geral, evoca a dependência em relação à matéria do Alcorão.

Na Escola *Hanbalita* as formas de expressão e julgamento dos muçulmanos devem recorrer ao uso da mensagem divina, diferentemente da proposta *hanifita*, que se preocupa mais com o raciocínio, favorecendo a elaboração de um direito mais flexível.

O método *hanbalita* refere-se primeiramente ao uso do Alcorão e da *Sunnah.* Assim, o Alcorão precede todas as demais fontes do Direito Islâmico. Logo, busca a universalidade do AIcorão como a última razão da certeza da mensagem divina, inconfundível e aplicável a qualquer época e lugar.

Os *ahadt* devem ser estudados, pois, são úteis em todas as aplicações das diversas tendências sociais e políticas do muçulmano, representando o complemento da revelação divina.

Capítulo 11

PERSPECTIVAS DO SÉCULO XXI: O DIREITO COMUNITÁRIO

Antônio Manuel Hespanha (2008) observa uma tendência antiestatalista durante os últimos 200 anos, ressaltando a queda dos regimes políticos autoritários em meados do séc. XX (fascismo, nazismo, bolchevismo) que identificavam o direito com as leis e com a autoridade totalitária do Estado.

Após o restabelecimento das democracias na maior parte da Europa ocidental, uma *concepção legalista do direito* passou a ser suspeita de trazer consigo novos riscos de absolutismo legalista e totalitarismo do Estado.

Fenômenos como a imigração e a velocidade do intercâmbio cultural e econômica acentuaram o pluralismo das sociedades ocidentais, cada vez mais dinâmicas, trazendo dentro delas outras "comunidades" com costumes e sentimentos jurídicos muito diferenciados, notadamente em relação aos padrões usuais na Europa centro-ocidental e às populações brancas dos Estados Unidos.

No mundo atual tornou-se crescente a importância atribuída a formas alternativas de vida, cujo reconhecimento era exigido pelos movimentos feministas, juvenis, ecologistas ou sexualmente dissidentes. Cada um destes movimentos trazia consigo propostas novas de viver a vida e, com elas, novos ideais de justiça e novas normas de comportamento em que os cidadãos comuns, conscientes de seus direitos, ensaiaram a construção autônoma de "direitos de proximidade", instituindo princípios de relacionamento correspondentes aos sentimentos de justiça da generalidade das pessoas.

Todas essas mudanças e, mais em geral, a globalização econômica e da comunicação desvalorizaram também o Estado e seu direito ao proporem formas de organização política e de regulação transnacionais que, ultrapassando as fronteiras dos direitos Estados, desafiam aquilo que era considerada a *soberania* destes.

Assim, surge no cenário político-jurídico mundial do século XX o fenômeno da integração de Estados através de organizações supranacionais regionais. Sobretudo por motivações de ordem econômica, mas dentro do contexto da nova dinâmica das sociedades ocidentais, os Estados perceberam as vantagens da integração para se destacarem, ou mesmo sobreviverem, no mercado global.

Desde a época dourada da formação dos Estados Nacionais já se percebia que o isolamento não era viável, e, no século XXI, as políticas isolacionistas estão sendo gradualmente abandonadas pela maioria dos países que buscam uma maior integração.

O processo de integração faz o Estado aderir livremente a um Sistema Comunitário passando, assim, a se submeter à criação normativa derivada do órgão responsável por essa atividade, mesmo que a norma produzida seja contraria àquela instituída internamente.

Esse novo sistema de relacionamento possui dois modelos básicos no processo de integração: o modelo de cooperação e o modelo comunitário, e seus respectivos equivalentes jurídicos.

A diferença dos dois modelos ocorre em vários campos, mas é na esfera jurídica que se apresenta de forma mais clara. O Direito da Integração é a sistemática jurídica resultante de um processo em sede de relacionamentos interestatais com objetivos econômicos e comerciais. Assim, o Direito Comunitário (espécie de direito da integração) regula as relações derivadas do processo de integração através de normas comunitárias de caráter supranacional, determinando competências e estipulando direitos e obrigações.

No Sistema Comunitário existe a superioridade hierárquica em relação ao direito interno dos Estados, a recepção automática pelos ordenamentos jurídicos nacionais (não há processos de aprovação interna de direito comunitário) e a auto-aplicabilidade de seus preceitos. O exemplo mais expressivo é a União Européia.

Numa economia mundial em que predominam os blocos econômicos tornou-se indispensável a constituição de um mercado comum, numa interação de economia, cultura, idéias e pessoas.

O Direito Comunitário, existente hoje na União Européia, que já passou pelo estágio de um mercado comum, teve como fontes os tratados internacionais, dos quais se destacam: O Tratado do CECA (Comunidade Européia do Carvão e do Aço), o Tratado de Roma (que criou a Comunidade Econômica Européia, em 25/03/1957), o Tratado de Maastricht (1991), que instituiu a União Européia com objetivo de acelerar a integração econômica, monetária e política.

O Direito da Cooperação não possui as características de superioridade hierárquica e auto-aplicabilidade de suas normas em relação ao direito interno dos Estados. Está presente nas relações derivadas da integração, mas ainda no campo do direito internacional público, sendo apenas um direito uniforme entre os Estados integrados, e não um direito superior hierarquicamente e auto-aplicável; trata-se apenas de um direito uniforme entre os Estados integrados, a exemplo do Mercosul, que é um caso típico de cooperacionismo.

As raízes do cooperacionismo na América Latina são percebidas em 1986, quando Brasil e Argentina retomaram o projeto original de uma aliança bilateral através do Programa de Cooperação Econômica, que logo se desdobrou no *Tratado de Integração, Cooperação e Desenvolvimento*, de 1988; devido, porém, à conjuntura política interna dos dois países, observou-se uma inflexão do processo. Contudo, características presentes naquele Tratado aqueceram as negociações graças à agenda criada que conduziu ao Mercosul em 1991, por conta do Tratado de Assunção, do qual foram originalmente signatários Brasil, Argentina, Paraguai e Uruguai.

Por sua vez, a ausência de mecanismos de relativização da soberania e de adoção de normas de Direito Comunitário apresentou-se como um dos grandes obstáculos para o desenvolvimento de uma comunidade latino-americana de nações.

No campo teórico, a noção tradicional de *soberania* tende a ser remodelada. No processo de integração (baseado na idéia do Direito Comunitário, de supranacionalidade, de relativização da soberania nacional em favor de um poder superior), os Estados-partes submetem-se às normas provenientes desse poder em benefício de toda a comunidade.

No campo profissional, o Direito Comunitário da América do Sul está aguardando normas jurídico-comunitárias capazes de disciplinar a livre circulação dos profissionais no âmbito territorial do mercado, com o objetivo de prestar serviços jurídicos. Os vínculos econômicos e as relações jurídicas entre os países membros necessitam de maiores estudos e do amparo de operadores do direito devidamente preparados para a prestação de serviços nos países membros.

Nesse processo de integração das organizações supranacionais agrupadas é possível observar a seguinte classificação de Salomoni (1999):

a) zona de livre comércio: implica a supressão e a eliminação dos direitos aduaneiros entre os países membros e de outras restrições ao comércio de produtos originários de seus territórios;
b) união aduaneira: representa um grau a mais em relação à zona de livre comércio, implica estabelecer uma tarifa aduaneira comum, sobretudo na adoção de tratamento comercial equivalente no que diz respeito a bens provenientes de países terceiros;
c) mercado comum: implica uma liberalização entre os países membros de todos os fatores produtivos, agregando-se à liberdade de circulação de mercadorias as liberdades de circulação de pessoas, serviços e capitais;
d) união econômica: constitui um mercado comum ao qual se adiciona a coordenação das políticas econômicas dos países-membros e um sistema de controle multilateral;
e) união monetária: implica a existência de um emissor único de moeda, no caso, a Comunidade;
f) união política: constitui o último degrau do processo de integração e implica a adoção de uma constituição da união, na qual se consolida a identidade e uma política comuns e se estabelece um sistema de poder e de direitos para os membros da dita união, dentro de um sistema democrático e federal.

Enquanto o Mercosul se propõe, nos termos do Tratado de Assunção, a uma integração mais discreta, a União Européia, por sua vez, se apresenta como uma organização política intensa sustentada no Direito Comunitário com muitas repercussões no âmbito da teoria do direito.

Assim, o Direito Comunitário se apresenta como um novo ramo jurídico autônomo com características próprias, podendo ser definido como um conjunto normativo que busca, em termos gerais, regular as relações dos Estados-partes unidos em uma federação de Estados, submetidos a órgãos de caráter supranacional.

Na relação entre Direito Nacional e Direito Comunitário existem os que consideram que os dispositivos supranacionais são apenas regras de caráter programático, impedindo que produzam resultados diretos na realidade nacional. Essa relação é resolvida de forma diferente em cada Estado, em conformidade com seu ordenamento interno.

Toda matéria jurídica transferida para a Comunidade pelos Estados-membros passa a ser de sua competência exclusiva, não deixando margem à competência do Estado-membro que, a partir de então, perde o poder de introduzir unilateralmente legislação. O Estado-membro só poderia agir de forma a implementar e gerenciar os poderes a ele novamente delegados pelas instituições da Comunidade.

A expansão do Direito Comunitário ocorre com o surgimento e adensamento das zonas de preferência tarifária, das zonas de livre comércio, da união aduaneira e da união monetária.

Os Sistemas Jurídicos Comunitários proporcionam a base legal para a institucionalização de "mercados comuns", em que circulam livremente bens, serviços, capitais e pessoais; esse direito tem como uma de suas características fundamentais a *supranacionalidade.*

O Direito Comunitário não se confunde nem com o direito interno das nações nem com o Direito Internacional Público. Edificado a partir das necessidades dos processos de constituição de mercados comuns e blocos econômicos, o Direito Comunitário tende a ser muito mais complexo, flexível, maleável e aberto do que os direitos nacionais e o Direito Internacional.

Finalmente, as regras que integram um Sistema Comunitário dizem respeito apenas a determinadas matérias legislativas, que imprimem sua marca na aplicabilidade direta dos acordos, protocolos e demais instrumentos. Percebe-se, portanto, a necessidade de todo um sistema jurisdicional específico, com estrutura, procedimentos e processualística delimitadas e de caráter permanente.

Referências

AHRENS, Henrique. *História del Derecho.* 1. ed., trad. Buenos Aires: Editorial Impulso, 1945.

ALCORÃO. Disponível em: <http://www.alcorao.com.br/home.asp>. Acesso em 05 jul. 2008.

ALTAVILA, Jayme de. *Origem dos Direitos dos Povos.* São Paulo: Ícone, 2001.

AMORIM, José Roberto Neves; GARCIA, Maria. *Estudos de Direito Constitucional Comparado.* São Paulo: Elsevier, 2007.

ARAÚJO, Emanuel. *Escrito para a eternidade – a literatura no Egito faraônico.* UnB e Imprensa Oficial do Estado de São Paulo, Brasília/São Paulo, 2000.

BIANCHI, Leonardo. Da cláusula de Estoppel e sua dinâmica na esfera dos negócios jurídicos privados. In *Revista de Direito Privado.* Revista dos Tribunais, São Paulo, n. 24, out./nov./2005, p. 54-78.

BÍBLIA. Disponível em: <http://www.bibliaonline.com.br/>. Acesso em 05 jul. 2008.

BOAVENTURA, Edivaldo M. *Metodologia da pesquisa.* São Paulo: Atlas, 2004.

BOBBIO, Norberto. *Do fascismo à democracia.* São Paulo: Elsevier, 2007.

BORCHARDT, Klaus-Dieter. *O Abc do Direito Comunitário.* Disponível em: <http://ec.europa.eu/publications/booklets/eu_documentation/02/txt_pt.pdf?>. Acesso em 01 ago. 2008.

BUENO, Manoel Carlos (org). *Código de Hamurabi. Manual dos Inquisidores. Lei das XII Tábuas. Lei de Talião.* São Paulo: Edijur, 2006.

BULGARELLI, Waldirio. *Direito Comercial.* São Paulo: Atlas, 2001.

CANARIS, Claus-Willem. *Pensamento Sistemático e Conceito de Sistema na Ciência do Direito,* trad. Fundação Calouste Gulbenkian, Lisboa, 1989.

CARDOSO, Ciro Flamarion. *Antigüidade oriental-política e religião*. Brasília: UNB, 1998.

CARVALHO, Salo de. Da desconstrução do modelo jurídico inquisitorial. In: WOLKMER, Antonio Carlos (org.). *Fundamentos de História do Direito*. Belo Horizonte: Del Rey, 2005.

CORDEIRO, Antônio Menezes. *Ciência do Direito e Metodologia Jurídica*. Disponível em: <http://www.estig.ipbeja.pt/~ac_direito/DilemasMC.pdf> Acesso em 01 ago. 2008.

CONSTANTINESCO, Leontin-Jean; DE CICCO, Maria Cristina (Org.). *Tratado de Direito Comparado*. Rio de Janeiro: Renovar, 1998.

CORRÊA, Alexandre Augusto de Castro. História do Direito Nacional desde a Antigüidade até o Código Civil de 1916. In: *História do Direito Brasileiro*. BITTAR, Eduardo C. B. São Paulo: Atlas, 2003.

CRETELLA JÚNIOR, José. *Direito Romano Moderno*. Rio de Janeiro: Forense, 2002.

DAVID, René. *Os Grandes Sistemas do Direito Contemporâneo*. São Paulo: Martins Fontes, 2002.

DINIZ, Maria Helena. *Compêndio de Introdução à Ciência do Direito*. São Paulo: Saraiva, 2005.

EL SAWY SAID, Sheikh Mabrouk. *Os pilares da fé na religião islâmica*. Recife: JF Gráfica, 2005a.

_______. *Ossoulo Al Feqh:* a Ciência Jurídica Islâmica. Recife: JF Gráfica, 2005b.

FERRES, Diogo. A idéia de sistema em Kant. *Revista portuguesa de filosofia*, v. 61, Fasc. 3-4, 2005 , p. 687-705.

FILARDI LUIZ, Antônio. *Curso de Direito Romano*. São Paulo: Atlas, 1999.

FOCAULT, Michel. *A verdade e as formas jurídicas*. Trad. Roberto Cabral de Melo Machado e Eduardo Jardim Morais. Rio de Janeiro: Nau/PUC, 1996.

GALINDO, Bruno. Comunitarismo e constitucionalismo: perspectivas para a teoria constitucional do século XXI. *Revista da Faculdade de Direito de Caruaru*, ano 33, n. 24, SCES, dez. 2002, p. 93-134.

GAGLIANO, Pablo Stolze; PAMPLONA FILHO, Rodolfo. *Novo Curso de Direito Civil*, vol. I. São Paulo: Saraiva, 2006.

GANSHOF, François Louis. *Que é feudalismo?* Traduções Europa-América, Lisboa, s/d.

GASSEN, Valcir. A natureza histórica da instituição do direito de propriedade. In WOLKMER, Antonio Carlos (org.). *Fundamentos de História do Direito.* Belo Horizonte: Del Rey, 2005.

GILISSEN, John. *Introdução Histórica do Direito.* Trad. A. M. Botelho Hespanha e L. M. Macaísta Malheiros. Lisboa: Fundação Calouste Gulbenkian, 2003.

GLOTZ, Gustave. *A cidade grega.* São Paulo: Difel, 1980.

GONZAGA, João Bernardino. *A Inquisição em seu mundo.* São Paulo: Saraiva, 1993.

GRIMBERG, Carl. *História Universal,* vol. I. Lisboa: Publicações Europa-América, 1940.

GUSMÃO, Paulo Dourado Gusmão. *Introdução ao Estudo do Direito.* Rio de Janeiro: Forense, 2002.

HENTZ, Luiz Antônio Soares. *Sistema de solução de controvérsias no direito comunitário*: possibilidades de sua adoção pelo Brasil. Franca: UNESP, 2001.

HESPANHA, Antônio Manuel. *O caleidoscópio do direito: o direito e a justiça no mundo de hoje.* Disponível a partir de: < http://www.estig.ipbeja.pt>. Acesso em 30 jul. 2008.

KELSEN, Hans. *Teoria Pura do Direito.* São Paulo: Martins Fontes, 2006.

LIMA, Vivian Cristina. A relativização da soberania nacional dos estados latino-americanos em face da expansão do direito comunitário. *Revista da Faculdade de Direito da UFPR,* v. 33, p. 187 Universidade Federal do Paraná, Paraná, 2000.

LOCKE, John. *Dois tratados sobre o Governo.* Trad. J. Fischer. São Paulo: Martins Fontes, 1998.

LOPES, José Reinaldo de Lima. *O Direito na História:* lições introdutórias. São Paulo: Max Limonad, 2002.

MADEIRA, Hélcio Maciel França. *Digesto de Justiniano: liber primus, introdução ao direito romano.* São Paulo: Revista dos Tribunais, 2002.

MARKY, Thomas. *Curso Elementar de Direito Romano.* São Paulo: Saraiva, 1995.

MARTINS, Argemiro Cardoso Moreira. O Direito Romano e seu ressurgimento no final da Idade Média. In WOLKMER, Antonio Carlos (org.). *Fundamentos de História do Direito.* Belo Horizonte: Del Rey, 2005.

MATOSO, Antônio G. *História da Civilização.* Lisboa: Livraria Sá da Costa Editores, 1944.

MONTESQUIEU. *O Espírito das Leis.* Trad. C. Murachco. São Paulo: Martins Fontes, 1996.

MOREIRA ALVES, José Carlos. *Direito Romano,* v. I, Rio de Janeiro: Forense, 2002.

NADER, Paulo. *Curso de Direito Civil:* Parte Geral. Rio de Janeiro: Forense, 2003.

NALINI, José Renato. *Ética Geral e Profissional.* São Paulo: Revista dos Tribunais, 2004.

NASCIMENTO, Walter Vieira do. *Lições de História do Direito.* Rio de Janeiro: Forense, 2003.

NASPOLINI, Samyra Haydêe. Aspectos históricos, políticos e legais da inquisição. In: WOLKMER, Antonio Carlos (org.). *Fundamentos de História do Direito.* Belo Horizonte: Del Rey, 2005.

NERY JÚNIOR, Nelson; ANDRADE NERY, Rosa Maria de. *Código Civil Comentado.* São Paulo: Revista dos Tribunais, 2006.

NUNES, Pedro. *Dicionário de Tecnologia Jurídica.* Rio de Janeiro: Freitas Bastos, 1958.

OLIVEIRA, Adriane Stoll de. *A codificação do Direito.* Teresina: Jus Navigandi, ano 7, n. 60, nov. 2002. Disponível em: <http://jus2.uol.com.br/doutrina/texto.asp?id=3549>. Acesso em 10 jul.2007.

PAUSAKANIS, Eugeny Bronislanovich. *A Teoria Geral do Direito e o Marxismo.* Trad. Paulo Bessa. Rio de Janeiro: Renovar, 1989.

PICARD, Edmond. *Les Constantes du Droit.* Paris: E. Flamarion Editeur, 1921.

RAO, Vicente. *O Direito e a Vida dos Direitos.* São Paulo: Revista dos Tribunais, 2005.

RÊGO, George Browne. Três Perspectivas da Problemática Direito e Ética: Aristóteles, Thomas Hobbes e Jean Jacques Rousseau. *Anuário dos Cursos de Pós-Graduação em Direito.* n 10. Recife: Edição do Programa de Pós-Graduação em Direito da UFPE, 2000, p. 139-150.

REZEK, Francisco. *Direito Comunitário do Mercosul.* Porto Alegre: Livraria do Advogado, 1997.

ROLIM, Luiz Antonio. *Instituições de Direito Romano.* São Paulo: Revista dos Tribunais, 2000.

ROUSSEAU, Jean-Jacques. *O Contrato Social.* São Paulo: Martins Fontes, 2006.

RUSS, Jacqueline. *Pensamento Ético Contemporâneo.* São Paulo: Paulus, 1999.

SALERNO, Marilia; ZEMUNER, Adiloar Franco. A importância do Direito Romano na formação do jurista brasileiro. *Semina: Ciências Sociais e Humanas,* Londrina, v. 27, n. 2, p. 125-133, jul./dez. 2006.

SALOMONI, Jorge Luis. *Reforma del estado y Mercosur:* hacia la cconstrución *de um Derecho Publico Comunitário.* Direito Global. São Paulo: Max Limonad, 1999.

SANTOS, Rogério Dultra dos. A institucionalização da dogmática jurídico-canônica medieval. In: WOLKMER, Antonio Carlos (org.). *Fundamentos de História do Direito.* Belo Horizonte: Del Rey, 2005.

SOUZA, Raquel. O Direito Grego Antigo. In: WOLKMER, Antonio Carlos (org.). *Fundamentos de História do Direito.* Belo Horizonte: Del Rey, 2005.

TIGAR, Michael E.; LEVY, Madeleine R. *O direito e a ascensão do capitalismo.* Rio de Janeiro: Zahar, 1978.

VATICANO. *Código de Direito Canônico.* Disponível em: <http://www.vatican.va/archive/cdc/index_po.htm>. Acesso em 01 ago. 2007.

VENOSA, Sílvio de Salvo. *Direito Civil:* Parte Geral. São Paulo: Atlas, 2007.

VENOSA, Sílvio de Salvo. *Introdução ao Estudo do Direito.* São Paulo: Atlas, 2006.

WIEACKER, Franz. *História do Direito Privado Moderno.* Trad. A. M. Botelho Hespanha. Lisboa: Fundação Calouste Gulbenkian, 2004.

WOLKMER, Antonio Carlos (org.). *Fundamentos de História do Direito.* Belo Horizonte: Del Rey, 2005.

ZITSCHER, Harriet Christiane. *Introdução ao Direito Civil Alemão e Inglês.* Belo Horizonte: Del Rey, 1999.

Outras maneiras fáceis de receber informações sobre nossos lançamentos e ficar atualizado.

- ligue grátis: **0800-265340** (2ª a 6ª feira, das 8:00 h às 18:30 h)
- preencha o cupom e envie pelos correios (o selo será pago pela editora)
- ou mande um e-mail para: **info@elsevier.com.br**

ELSEVIER — EDITORA CAMPUS — NEGÓCIO EDITORA — Alegro

Nome: ____________________

Escolaridade: ____________ ❑ Masc ❑ Fem Nasc: __/__/__

Endereço residencial: ____________________

Bairro: ________ Cidade: ________ Estado: ________

CEP: ________ Tel.: ________ Fax: ________

Empresa: ____________________

CPF/CNPJ: ____________ e-mail: ____________

Costuma comprar livros através de: ❑ Livrarias ❑ Feiras e eventos ❑ Mala direta ❑ Internet

Sua área de interesse é:

❑ **UNIVERSITÁRIOS**
- ❑ Administração
- ❑ Computação
- ❑ Economia
- ❑ Comunicação
- ❑ Engenharia
- ❑ Estatística
- ❑ Física
- ❑ Turismo
- ❑ Psicologia

❑ **EDUCAÇÃO/ REFERÊNCIA**
- ❑ Idiomas
- ❑ Dicionários
- ❑ Gramáticas
- ❑ Soc. e Política
- ❑ Div. Científica

❑ **PROFISSIONAL**
- ❑ Tecnologia
- ❑ Negócios

❑ **DESENVOLVIMENTO PESSOAL**
- ❑ Educação Familiar
- ❑ Finanças Pessoais
- ❑ Qualidade de Vida
- ❑ Comportamento
- ❑ Motivação

CARTÃO RESPOSTA

Não é necessário selar

O SELO SERÁ PAGO POR

Elsevier Editora Ltda

20299-999 - Rio de Janeiro - RJ

Cartão Resposta
050120048-7/2003-DR/RJ
Elsevier Editora Ltda
CORREIOS

ELSEVIER — EDITORA CAMPUS — NEGÓCIO EDITORA — Alegro

Este livro foi impresso nas oficinas gráficas da Editora Vozes Ltda.,
Rua Frei Luís, 100 – Petrópolis, RJ,
com papel fornecido pelo editor.